A ma [illegible] tutte [illegible] tutti.
ma dove [illegible]
è l'[illegible]

[illegible]

Françoise Giroud

Arthur
ou
Le bonheur de vivre

Fayard

« Je vais avoir soixante-seize ans.
Que faire de tout ce passé ?
– Que faire d'un passé ?
Mais tu le sais bien ! Des phrases !... »

PAUL VALÉRY, *Cahiers*

J'avais demandé qu'on ne me dérange pas. Un travail urgent à finir. Mais l'homme insistait si fort au téléphone que mon assistante me passa la communication.

Alors j'entendis ceci :

« Madame, c'est au sujet de votre fils...

– Quoi, mon fils... ? »

J'imaginais immédiatement quelque incartade.

« Il a disparu.

– Comment cela, disparu ?

– On ne l'a pas revu depuis hier après-midi. On l'a aperçu hors piste vers quatre heures. Ses chaussures ne sont pas dans sa chambre ; donc, il n'est pas rentré. Il a disparu... Madame, vous m'entendez ? On a commencé les recherches, mais si vous pouviez alerter les autorités, on aurait davantage de moyens... Il faut aller vite... vite... »

J'écoutai, assommée. Alain se trouvait en vacances depuis huit jours dans une station de Savoie dont il connaissait chaque mètre carré.

C'était un excellent skieur. Cette histoire n'était pas vraie, ne pouvait pas être vraie.

Alain, mon petit, mon garçon, c'est une blague, hein ? Une méchante blague que tu me fais, une de plus pour te rendre intéressant, pour me déchirer le cœur... Mais qu'est-ce que j'ai fait pour que tu me punisses depuis vingt-cinq ans d'être ta mère ?

La première fois que je l'avais mis sur des skis, il avait sept ans, huit peut-être. Si maigre, si fragile, avec cette vilaine cicatrice au cou depuis qu'un chirurgien charcutier lui avait enlevé des ganglions. Mais intrépide, émerveillé par la neige, avec un air heureux qu'on lui voyait si rarement...

Cette année-là avait été rude. Je travaillais dans la presse : horaires difficiles, salaire médiocre ; et il fallait payer quelqu'un pour prendre soin de mon garçon. J'avais trouvé une femme merveilleuse, mais, quand je rentrais, le soir, il se jetait dans mes bras comme s'il avait passé la journée abandonné au coin de la rue.

En fait, c'est moi qui m'étais retrouvée abandonnée. Avec un enfant dans le ventre. C'était en juillet 40. Au regard de la débâcle, de l'Armistice, de l'effondrement du pays, l'événement était insignifiant. Mais, comme dit Henri Michaux, « celui qui a une aiguille dans l'œil ne s'intéresse pas à l'avenir de la marine britannique ».

C'est un pieu que j'avais dans l'œil. Sinistres journées sous un soleil insolent. D'ailleurs, j'avais aussi mal à la France. J'avais mal partout.

Dans mon corps où se développait un corps étranger qui me faisait horreur. Dans ma tête où je maudissais ma légèreté, moi qui m'étais crue invulnérable. Dans mon orgueil : ainsi j'allais être fille-mère, comme on disait alors ; je serais montrée du doigt...

Beaucoup trop jeune pour éprouver un désir d'enfant – l'enfant c'était moi –, surtout dans de telles circonstances, je n'ai eu qu'une idée : m'en débarrasser. Mais déjà l'ordre moral pointait, toutes les filières d'avortement étaient coupées. En guise de réconfort, j'ai dû subir la leçon de morale d'un grand médecin de Clermont quand je lui dis que, non mariée, sans ressources, je le suppliais de m'aider... À l'entendre, mon inconduite était responsable des malheurs qui accablaient la France.

J'ai tout tenté, les pires trucs de bonne femme, les aiguilles à tricoter, l'eau savonneuse et le reste – en vain. Et quand ce pauvre petit têtard violet surgit entre mes jambes, je l'ai haï, tout bonnement haï.

Que Dieu protège les enfants dont la mère a pleuré la naissance. Ils le savent et en sont marqués à jamais. Alain le savait d'intuition certaine et ne m'avait jamais pardonné ce rejet primitif. Nous avons passé ensuite vingt-cinq années à nous meurtrir l'un l'autre. D'abord, je ne l'ai pas aimé. Ensuite, je l'ai trop aimé, trop protégé. J'ai eu tout faux. Une mauvaise mère.

Cependant, ces derniers mois, quelque chose s'était détendu entre nous. Il achevait ses études de médecine, une analyse l'avait un peu libéré, nous avions même des explosions de gaieté, il m'emmenait danser le be-bop comme une jeune fille, j'étais fière de mon beau cavalier...

Et puis vint le jour maudit.

« Les recherches sont suspendues. C'est fini. Vous ne le reverrez pas, madame. »

Je ne voulais pas le croire. Je me suis accrochée à un espoir insensé pendant deux mois. Deux mois ! Après quoi, avec le printemps, la neige a rendu son corps intact. Une avalanche avait dû l'étouffer.

Enterrer son enfant, c'est une expérience inhumaine. Ce sont vos enfants qui doivent vous fermer les yeux. De toutes les épreuves de ma vie qui en a été fertile, c'est celle dont j'ai émergé avec le plus de peine, mâchant et remâchant ma culpabilité.

On devient comme un grand brûlé qui ne supporte plus aucun contact avec autrui. Ceux qui vous marquent de la compassion ? Odieux : ils ne savent pas de quoi ils parlent. Ceux qui feignent la bonne humeur pour vous remonter le moral, comme ils disent ? Indécents.

De toute façon, c'est mal et ça fait mal.

Je me souviens de A., désolé de me voir comme une boule de douleur qu'on ne savait par quel bout prendre et me caressant la main, silencieusement, pour me dire : « Je suis là et je t'aime... » Mais je retirais ma main.

Le travail m'a sauvée. L'obligation d'aller tous les jours au journal et d'y faire bonne figure. *Se tenir*, toujours se tenir... Ce qu'on m'avait enseigné dès l'enfance, c'est là que j'ai puisé la force de rester droite, mais quel effort quand on voudrait hurler...

Et puis, lentement, la blessure s'est refermée. Il n'y en a pas qui ne se ferme, si profonde soit-elle. Mais ce qui disparaît à jamais après la mort d'un enfant, c'est une certaine insouciance ; on n'oublie pas et on ne veut pas oublier. La vie est la plus forte, la douleur qui demeure devient comme une bête apprivoisée aux griffes rognées, mais, aujourd'hui encore, j'ai du mal à dire « mon fils » sans que ma gorge se noue.

On apprend la relativité des choses. Un jour, dans un hôtel de Los Angeles, on m'a dérobé une pochette contenant quelques bijoux. A. m'a dit : « Quel dommage ! Vous êtes triste ? » J'ai dit : « Non. À peine. Ça me contrarie, mais quand on a perdu son fils, on ne pleure pas sur des bijoux. »

Ce sentiment du relatif, je l'ai observé chez des déportés à leur retour.

Mon beau-frère, Jean, était revenu de Neuengamme avec un œil crevé, des dents cassées ; ma sœur était rentrée de Flossenburg ne pesant plus que quarante kilos. Nous déjeunions chez eux. On servit le café. Il était mauvais et tiède. Jean se mit soudain en colère, je crus qu'il allait molester la servante, une vieille femme effarée. Mais, d'un coup, sa rogne tomba, il se confondit en excuses et murmura : « Pardon, je suis fou... Que pèse un café... »

À propos d'épreuves plus ou moins graves, chacun de nous peut dire quelquefois : « Que pèse un café ? » Ce n'est pas une règle morale. C'est de l'hygiène mentale. Remettre les choses à leur place. Ne pas faire du malheur avec des contrariétés.

Je ne sais quel philosophe raconte cette histoire que je cite souvent, celle du Chinois qui dit un matin à son médecin :

« Je suis malade. Je ne m'intéresse plus à mes affaires, je ne regarde plus mon jardin, il arrive même que je ne parvienne plus à m'intéresser à mes enfants. Docteur, je suis malade. »

Le docteur se place devant la fenêtre, à contre-jour, et dit :

« Pas du tout, je vois très bien les sept trous dans votre cœur. Ils sont percés. Le septième l'est à moitié. Il ne vous reste plus qu'à renoncer à l'idée que vous êtes malade. »

Sept trous, ce serait donc la loi commune. Je ne sais pas où j'en suis de cette comptabilité, mais, à récapituler les trous que j'ai, comme tout le monde, dans la poitrine, je vois bien que la mort de mon garçon y tient une bonne place.

Mais assez de cette évocation morbide ! C'est du bonheur de vivre que j'ai envie de parler.

Je suis âgée maintenant. Et quand je regarde en arrière, je vois une longue route qui a traversé plus d'un demi-siècle d'événements tumultueux auxquels j'ai été plus ou moins mêlée. Qui m'ont formée, en tout cas, ou, si l'on veut, déformée. La guerre d'Espagne, la guerre tout court, la guerre d'Algérie, pour ne rien dire de péripéties moins graves.

Reconstituer ma trajectoire n'est pas un exercice narcissique. Je me porte peu d'intérêt. C'est plutôt un exercice de curiosité rétrospective : comment était-ce, la vie, quand la France était forte et que la télévision n'existait pas, quand les filles étaient vierges et les politiciens ventripotents, quand Gide était le maître à penser et Malraux l'aventurier ; comment était-ce, quand on avait peur du communisme au lieu d'avoir peur d'Hitler, quand on ne sortait pas sans chapeau et qu'on allait à la messe le dimanche, oui, comment était-ce ? Et comment la très jeune fille que j'étais au début des années trente s'est-elle débrouillée de tout cela pour finir dans la peau d'une vieille dame respectable qui, de temps en temps, lèche ses blessures, mais pas plus que n'importe qui ?...

Voilà ce que je voudrais tenter de raconter en restant au plus près de la vérité.

On verra ce que je dois à un chapelet de chances sans lesquelles je serais peut-être, aujourd'hui, retraitée des P & T...

Mon amie Alix de Saint-André, qui étudie la vie des anges comme d'autres celle des fourmis, et dont la science est infinie, m'affirme que ce que j'appelle « chance » est l'autre nom de mon ange gardien. Peut-être bien. Encore que, dans ce cas, j'aurais nombre de distractions à lui reprocher. Mais personne n'est parfait, pas même les anges.

Dans l'ignorance où je suis de son identité, j'ai baptisé le mien Arthur. On me dit que c'est un vilain nom, mais moi, il me plaît. J'espère qu'il ne lui déplaît pas.

Donc, je dois peut-être à Arthur le bonheur d'être française...

Je suis la seconde fille d'un réfugié politique arrivé en France en 1915, fuyant son pays, la Turquie, où il était condamné à mort. Son crime : directeur de l'Agence télégraphique ottomane, qu'il avait fondée, il refusa de collaborer avec les Allemands lorsque la Turquie entra en guerre à leurs côtés. La France était sa seconde patrie ; il avait fait ses études à Paris, parlait plusieurs langues, mais sa culture était entièrement française. Il n'eut que le temps de prendre la fuite, dépossédé à jamais de ses biens.

Deux autres hommes de la famille s'étaient engagés auparavant dans la Légion étrangère. Arrivé à Paris après un détour par la Suisse où, plus tard, je suis née, il voulut suivre leur exemple, mais sa santé était déjà chancelante. Le ministère des Affaires étrangères sut cependant utiliser ses compétences et il fut chargé de différentes missions dont, à vrai dire, je ne sais pas grand'chose, sinon que l'une d'elles le conduisit en 1917 aux États-Unis. Peut-être a-t-il alors travaillé pour les services secrets.

La France... On n'imagine pas, aujourd'hui, ce que ces deux mots signifiaient pour un étranger, leur charge d'amour, de vénération, de gratitude... C'est de cela qu'au plus profond de mon enfance j'ai hérité et qui me rend, aujourd'hui encore, sensible à chaque instant le bonheur de vivre en France.

J'aime ce pays de façon charnelle ; j'aime ses coteaux et ses rivières, ses terres rouges, ocres ou noires, ses pierres blondes ; j'aime l'intelligence de ses habitants, comparés à ceux des autres contrées ; j'aime leur goût de la vie, sans être aveugles pour autant. La France de mon enfance est morte, mais, telle qu'elle est, abîmée, mutilée, « cocacolisée », n'en finissant pas de souhaiter se réformer sans le vouloir vraiment, entrant à reculons dans l'avenir, telle qu'elle est, je lui suis attachée comme on l'est à sa mère.

Souvent, mes amis se moquent de cette disposition particulière, eux qui, en bons Français, pratiquent plutôt la dérision, en tout cas le dénigrement à l'égard de leur pays. Moi aussi, quelquefois, j'ai mal à la France... Mais rien ne me détournera jamais de penser que le bonheur de vivre n'existe qu'en France, même s'il n'y est pas également partagé.

Il y a deux façons de rater sa vie. Un : ne pas savoir ce qu'on veut. Deux : ne pas avoir les moyens de ses ambitions.

Savoir ce que l'on veut n'est pas une mince affaire. À vingt ans, c'est très rare. On est petit encore et déjà on vous a condamné à choisir entre la philosophie et les sciences exactes, alors que vous aimez la danse et le vol plané.

Pour une véritable vocation, combien sont les petits d'hommes errant entre des désirs vagues, des ambitions floues, des appétits contradictoires ou contrariés ?

Dur, dur, la jeunesse. Et courte. On a à peine tourné les talons sur ses trente ans que les regrets commencent. J'aurais dû. J'aurais pu. Peut-être pourrais-je encore ? Et on se met au tennis à quarante ans, direction infarctus.

Nourrir des ambitions à sa mesure n'est pas simple non plus. Il faut toujours voir grand. Mais pas plus grand que soi, voilà. Sinon, la vie est une longue souffrance que l'on passe en grinçant des dents.

Ces considérations pour dire que j'ai appris au berceau ce que je voulais. Chance insigne : je voulais être aussi capable qu'un garçon. J'ai raconté ailleurs comment mon père a déclenché cette étrange vocation en s'écriant à ma naissance : « Quel malheur, c'est une fille ! » Tout le monde en était d'accord. Même ma nourrice m'appelait François. J'ai été nantie du même coup d'une bonne névrose qui a failli me tuer quarante ans plus tard, mais, jusque-là, ce fut un fameux levier.

Serais-je devenue, sans lui, une jeune fille romantique, un peu molle et rêveuse ? Qui sait ? En tout cas, je serais une autre, et certainement pas ce produit construit de bric et de broc.

À l'intérieur, veux-je dire. L'extérieur est convenable, en tout cas l'était, jusqu'à ce que les années l'altèrent. Je n'en fais pas une affaire ; simplement, je comprends cette cocotte du siècle dernier qui, en vieillissant, avait voilé tous ses miroirs. Mais, si peu que l'on se plaise, il faut bien vivre avec soi.

L'intérieur, c'est autre chose. Des lambeaux de jeunesse perdurent, inusables, et alors je m'en vais manifester dans les meetings, en même temps que des pans de scepticisme me conseillent de me désintéresser. De quoi ? De tout. Ne s'intéresser qu'aux siens et à soi, se tenir écarté de dangers de tous ordres, loin du tumulte public, renoncer une fois pour toutes à vouloir changer l'ordre du monde, songer plutôt à se changer soi-même, ô sagesse...

Hélas, on ne me l'a pas enseignée à l'âge où l'on prend ses habitudes. Au contraire. La vie a fait de moi un animal de combat, même si, aujourd'hui, le souffle me manque parfois.

J'ai envie de dire, comme font les enfants : « Pardon, je ne l'ai pas fait exprès... »

Il a fallu des années pour que je dépose de temps en temps les armes, pour que je me laisse aller à la douceur des choses, pour qu'une journée sans travail ne me paraisse pas perdue.

Cette tension que j'ai fait subir à ceux qui m'ont approchée, j'en ai aujourd'hui du remords. Je n'ai pas été facile à vivre. Mais, anxieuse comme je l'étais de valoir un garçon, je n'avais pas un grain d'énergie à perdre. Si les circonstances ne m'avaient pas conduite, vers quarante ans, chez un psychanalyste, Jacques Lacan, j'en serais toujours au même point, les forces en moins. Il m'a appris à respirer, à goûter les plaisirs sans les croire forcément coupables, à me réconcilier avec mes désirs. À rire de moi, aussi.

A. a fait le reste en me guidant ensuite à travers les choses de la vie dont il avait un sens aigu, en m'apprenant à jouir sans remords d'une exposition, d'un concert, d'une belle journée à la campagne, d'une matinée de soleil.

Mais, jusqu'à quarante ans passés, je m'en suis privée. Je ne me suis connu que des devoirs.

Je vois bien que cela me rendait pour le moins fatigante. Le destin a voulu que l'homme avec lequel j'ai passé les dix années les plus intenses de mon existence ait été aussi peu doué que moi dans l'art du bonheur de vivre. À côté de lui, j'étais une épicurienne ! Enfermés chacun dans notre névrose personnelle, nous représentions ensemble une force de travail redoutable.

Déjà, du temps que je dirigeais la rédaction de *Elle*, je m'infligeais en même temps, pour des raisons alimentaires, d'écrire un article par semaine pour *Carrefour* et un portrait pour *France-Dimanche.*

C'était tuant. Mais quoi ! J'aimais me tuer.

J'aimais ces longs dimanches où, enfermée dans mon bureau, je noircissais du papier, protégée du téléphone, des importuns, des enfants – « On ne dérange pas Maman pendant qu'elle travaille ! » – par ma mère. J'étais le Pélican qui gagne la nourriture de ses petits. Tout cela cadrait parfaitement avec ma folie particulière.

Ma mère avait compris qu'il ne fallait pas chercher à m'en distraire. Elle organisait le calme autour de moi.

C'était une personne extraordinaire, ma mère. Par sa grâce, assurément, qui charmait, mais surtout par l'originalité de son esprit. Le conformisme lui était, en tous domaines, étranger. Héritage de son père, disait-elle, qui avait été un grand médecin. Elle n'y mettait aucune provocation. Simplement, elle suivait ses intuitions, ses inspirations, la voix de son cœur avec une absence complète de respect envers les règles qui, pour le grand nombre, encadrent la vie sociale.

Même dans sa façon de cuisiner, elle mettait de la fantaisie, et que dire de ses talents de couturière... Avec l'aide d'une petite ouvrière, elle nous faisait des robes qui, petite fille, m'affolaient. Audace de la coupe, des couleurs. Les enfants sont conformistes, comme on sait. Plus tard, j'ai admiré cette puissance créatrice qu'elle avait entre les doigts et qu'elle n'a jamais su exploiter.

Elle mettait, dans les rapports humains, la même liberté, toujours prête à faire crédit, à faire confiance, ramenant un clochard à dîner un soir de neige, aidant la petite bonne du quatrième à accoucher seule, dans sa chambre, au grand scandale de la concierge. C'est la seule personne que j'aie connue qui ait vraiment aimé « les autres ». Quelquefois, elle en était récompensée par de l'ingratitude. Bon ! elle passait l'éponge.

Parce qu'elle aimait les autres, elle s'attirait leurs confidences. Dans ses dernières années, c'était, chez elle, un véritable défilé, comme si elle avait été un poêle rayonnant de chaleur auquel venir se réchauffer. Parce qu'elle avait une intuition psychologique remarquable, elle savait quand il fallait secouer l'un, consoler l'autre, placer le troisième en face de lui-même. Elle était tonique.

Elle savait de science infuse, sans l'avoir jamais appris, que les mécanismes humains sont irrationnels, qu'il faut s'efforcer de les élucider au lieu d'en être dupe, et qu'on tire de cet exercice de grandes satisfactions.

Cela, c'est une leçon que j'ai trop bien apprise. J'aurais voulu parfois être dupe, y compris de moi-même. Comprendre est une force, mais souvent une faiblesse. Il m'arrive de regarder mes adversaires ou mes ennemis comme on observe le mécanisme d'une montre ; on ne peut pas en vouloir à une montre parce que ses rouages ont été mal montés.

Ce détachement, je l'ai éprouvé pour la première fois en des temps très anciens, le jour où, au lycée, une petite fille qui s'appelait Albertine m'a lancé une pierre à la figure. J'ai eu une dent cassée. Le professeur s'est offusqué, déclarant qu'il allait punir sévèrement cette insupportable Albertine dont le comportement lui était d'ailleurs, de façon constante, incompréhensible. Et j'ai dit : « Mais, madame, c'est parce qu'elle est rousse. » Le motif me paraissait éclatant. Et ce n'était pas la faute d'Albertine si elle était rousse. Et si ce n'était pas sa faute, la punition, la vengeance, sincèrement, je m'en fichais...

Comprendre le fonctionnement des autres donne des satisfactions intellectuelles, je dirai presque esthétiques. Cela peut aussi vous enlever l'agressivité parfois nécessaire à la survie.

Comprenant tout, ma mère pardonnait beaucoup. Mais elle pouvait avoir la dent dure. À la fin de sa vie, nous habitions ensemble. Jamais un de mes amis n'est venu me voir sans passer par la chambre où elle se tenait, sans bavarder avec elle un long moment. Elle les jugeait : celui-ci avait tort de se laisser grossir, celui-là avait fait un mauvais discours à l'Assemblée, cet autre avait écrit un livre médiocre – mais tout cela était dit de telle sorte, avec un tel sourire, un tel intérêt manifeste, que c'était accepté et même sollicité. Elle faisait partie de ces gens très rares qui vous mettent toujours du charbon dans la chaudière.

Les affaires publiques la passionnaient. Elle avait vécu sa jeunesse entre un mari et un frère fous de politique, et il lui en était resté le goût. En 1936, elle avait été pour le Front populaire, au scandale de sa famille. En 1958, elle jeta un froid parmi certains de mes amis en se déclarant gaulliste, mais s'en moqua comme d'une guigne. Elle n'était jamais victime d'aucune convention.

J'étais très petite quand, un jour de Noël, elle me reprit le stylo qui m'avait été offert en cadeau – c'était un beau cadeau, à l'époque – pour le donner au fils de la concierge qui n'avait rien reçu. J'étais outrée. Elle me dit que j'avais été gâtée et qu'il fallait savoir partager.

Elle était impossible, ma mère. Toujours prête à donner. Grâce à quoi elle m'a fabriquée coupable à vie de tout ce que je possède et ne partage pas. En vieillissant, j'ai fait des progrès. Mais que ce fut long !

Nous étions pauvres, pourtant. Très pauvres. Donc, à tout propos, humiliés. J'ai le souvenir d'une riche parente qui nous fit porter un jour de vieilles robes qu'elle ne mettait plus. Douce, ma sœur, qui avait une meilleure nature que moi, essaya d'y dénicher quelque fripe utile. J'ai pris des ciseaux et tout lacéré. J'étais une sale petite bête. Mais cette révolte-là, j'en ai encore le goût intact sur les lèvres. Elle fait partie de mes briques de fondation.

Cette parente, une tante de ma mère, avait, il faut le dire, un talent particulier pour se rendre haïssable.

J'avais treize ans lorsque la question se posa de savoir si je continuerais à prendre des leçons de piano. Ma mère, jeune veuve désemparée, ne pouvait plus les payer. Les ressources qu'elle tirait de son imagination étaient à la fois épisodiques et précaires, tout juste suffisantes pour assurer notre survie. Douce venait à peine de s'employer dans un grand magasin où elle était honteusement payée trois cents francs par mois.

Il y eut donc une réunion familiale destinée à statuer sur mon sort.

La scène se passa dans un appartement en rotonde du parc Monceau, en présence de la tante et de son mari, un gros homme éteint. Il s'agissait de m'entendre et de décider si mes progrès en piano justifiaient une aide financière. J'attaquai bravement une *Étude* de Chopin sur un crapaud mal accordé recouvert d'un châle espagnol, accessoire inévitable dans tout salon bourgeois d'alors. Ce jour-là, j'ai bien joué, je le sais. La tante, qui se piquait d'être musicienne, soupira :

« Ce n'est pas mal... Mais enfin, ça ne lui fera pas un métier.

– Il ne s'agit pas d'un métier, dit ma mère. Il s'agit d'un art. Elle a des dispositions exceptionnelles, son professeur le confirme.

– Un art ! Toujours la folie des grandeurs ! Tes filles doivent faire de l'art, maintenant !

– Et pourquoi pas ?

– Parce que tu ferais mieux de leur apprendre l'humilité, dit la tante, hors d'elle. Léon, qu'est-ce que tu en penses ? »

Léon, imperméable à Chopin, n'en pensait rien. Il bougonna seulement qu'il ne fallait pas jeter l'argent par les fenêtres.

Ma mère se débattit comme la petite chèvre de Monsieur Seguin. À la fin, elle fut mangée. La tante ne paierait pas mes leçons de piano, tout juste bonnes à me rendre orgueilleuse et certes pas à trouver un mari.

Nous sommes reparties, très raides. Dehors, il pleuvait. Ma mère héla un taxi. Je criai :

« Non, Maman, pas de taxi, ce n'est pas raisonnable !

– Au point où nous en sommes... »

C'est ainsi que j'ai cessé d'apprendre le piano, qui était le sel de ma vie. Ensuite, les années et les années ont passé, au fil desquelles j'ai joué parfois sur un instrument de rencontre.

C'est devant un piano de bastringue que j'ai fait amitié avec Jacques Becker pendant les prises de vues de *La Grande Illusion*. Il était assistant, j'étais scripte. Dans une salle d'auberge, il s'est assis au piano et a commencé à jouer *The man I love*... Je me suis assise à côté de lui et j'ai enchaîné. Nous avons poursuivi à quatre mains. Ce jour-là, nous nous sommes reconnus pour ce que nous étions : des enfants de bourgeois radicalement fauchés, l'un et l'autre, et fous de jazz...

Ces temps-ci, comme un défi aux mânes de la tante, j'ai eu la velléité d'acheter un piano pour m'y remettre... Mes doigts d'arthritique m'ont fait la nique. Je ne renouerai jamais avec ce vert paradis perdu.

J'ai été une petite fille tant aimée par ma mère, par ma sœur aînée, Douce, qu'il m'en est resté quelque chose : je crois que les femmes m'aiment, et je les aime en retour. C'est très confortable, très doux. Je vais, entourée par une pléiade de jeunes femmes dont la vigilante amitié me tient le cœur au chaud, et, quelquefois, je m'émerveille de ce privilège.

Toujours j'ai eu confiance dans le courage des femmes, dans leur jugement. Je les ai vues avec passion commencer à secouer leurs chaînes, et, pour le peu que j'y ai contribué, j'en suis fière.

Le féminisme n'avait aucune place à la maison. D'abord, ce n'était pas la mode, loin de là. Ensuite, ma mère allait répétant, au contraire : « Ah, s'il y avait un homme pour nous aider ! »

Mais, précisément, il n'y avait pas d'homme. Ce protecteur hypothétique n'était jamais apparu. Je n'ai connu dans ma maison ni homme fort, ni homme faible, je n'ai jamais vu ni figure paternelle tutélaire ni homme mal rasé dans un pyjama fripé, réclamant son petit déjeuner. L'homme a été pour moi un animal exotique, avec tout l'attrait que cela suppose, mais dont l'état naturel est l'absence quand on a besoin de lui.

L'homme de la famille, c'était moi. Les décisions, les responsabilités et la réparation des prises électriques, c'était moi. J'étais la preuve vivante que, pour les choses importantes, une fille valait un garçon.

Quand mon père est mort à quarante-trois ans, emporté par la tuberculose, je ne l'avais pas vu depuis trois ans. Ainsi ma mère avait-elle espéré nous protéger du terrible bacille qui faisait alors des ravages. J'avais huit ans. C'est un fantôme de père qui disparut. Qui nous avait abandonnées, comme disait ma mère.

« Il nous a laissées seules, mes pauvres enfants, seules. »

Mais elle se mit à lui construire une image très forte, celle d'un homme de courage et d'audace, riche de tous les dons, journaliste de premier plan... Est-ce qu'elle exagérait ? Je ne sais pas. En tout cas, elle me plaça en situation de vouloir m'identifier à cette image. Je me mis à imiter son écriture, à me livrer aux exercices physiques les plus dangereux, à sauter d'une falaise, à défier un taureau dans un pré de Bretagne où je faillis laisser ma peau – jusqu'au jour où je me cassai en morceaux, ce qui mit provisoirement fin à mes exploits.

Ma mère me fit doucement comprendre que le courage, c'était un peu plus compliqué que cela.

Entre l'absence d'homme dans mon univers familier et ce père imaginé, j'étais en train de devenir une drôle de fille.

Nul doute que cela a commandé mes relations avec les hommes. Je les ai bien aimés, avec leurs grands pieds et leurs petites lâchetés. Cependant, je n'ai jamais attendu d'eux qu'ils me protègent ;

seulement qu'ils me donnent leur tendresse quand ils le voulaient bien. J'ai toujours su qu'ils étaient fragiles et que la force était en moi. Je n'ai pas eu à lutter contre leur domination : elle ne m'a jamais écrasée. Ni à préserver mon indépendance : ils ne l'ont jamais menacée.

Tout cela m'a-t-il rendue commode ou incommode pour ceux qui m'ont fait la grâce de m'aimer ? Je n'en sais rien, mais ils s'en sont accommodés.

Je n'ai jamais vu à l'œuvre, à l'âge tendre, une certaine sournoiserie féminine, un certain art d'obtenir ce que l'on veut par la ruse. Ma pauvre mère aurait peut-être été capable de me donner cet exemple, mais elle n'avait pas de partenaire pour jouer à ce jeu-là – ni à aucun autre, d'ailleurs.

Comme la plupart des femmes de sa génération, elle avait de la révérence pour les hommes, leur savoir, leur autorité, leur puissance, mais, comme il s'agissait d'hommes abstraits – *les* hommes –, elle n'a pas su me la communiquer. Et, quand je la voyais, timide, devant l'oncle Léon, je ne comprenais pas ce qui, dans ce personnage gras et chauve, justifiait qu'elle s'inclinât.

À quinze ans, je pensais – je pense toujours – que les hommes se doivent d'être beaux à regarder autant que les femmes, et qu'on n'est pas trop gras sans y être pour quelque chose. Les gras étaient d'ailleurs, à l'époque, beaucoup plus nombreux qu'aujourd'hui. Les hommes ont fait des progrès dans le soin qu'ils prennent d'eux-mêmes.

Comme toutes les jeunes filles, je pensais qu'un jour il y aurait un homme dans ma vie, puisque cela se faisait, et qu'il ressemblerait à Gary Cooper, mais je n'ai jamais pensé qu'un prince charmant m'enlèverait sur son cheval blanc loin des trivialités de l'existence.

Cela m'a évité des illusions lorsque des ersatz se sont présentés dans des cabriolets carrossés sport.

Dans mon univers enfantin, il y avait aussi une grand-mère. Grande, mince, belle, avec une pointe d'arrogance. Elle n'avait jamais admis que la situation de sa fille pût avoir changé et qu'il fallût en conséquence revoir sa façon de vivre. Elle était l'auteur d'une méthode ingénieuse pour dresser les domestiques : les revers de ses draps étaient ornés d'une petite croix rouge ; le lit une fois fait, si la croix du dessus et celle du dessous ne coïncidaient pas exactement, elle faisait refaire le lit.

De domestiques, nous n'avions point, mais ses exigences restaient intactes.

Elle se nourrissait de côtelettes d'agneau et passait ses après-midi à jouer au bridge, jeu auquel j'avais été initiée par ses soins. Les enfants apprennent vite ; j'étais devenue bonne joueuse. Quand elle avait besoin d'un quatrième, elle me convoquait. Lorsque son équipe était complète, elle me renvoyait. Je crois que je la haïssais. Un jour, j'ai refusé de jouer les remplaçantes et suis sortie dignement de la pièce, à sa stupeur. Elle n'a pas obtenu que je sois punie de cette impertinence. Mais elle m'a dégoûtée du bridge pour la vie.

Autre membre épisodique de la famille : un oncle médecin qui passa quelque temps chez nous avant d'aller s'installer au Maroc. Quand il est arrivé, j'avais un chien ; il a déclaré que la compagnie des chiens était mauvaise pour la santé des enfants et hop ! il a donné le chien. Je me souviens encore de son nom, à ce chien : Batik. Ce fut un des grands chagrins de ma vie.

Tout cela ne fait pas une enfant martyre, assurément. Mais cela vous met de la corne à la place du cœur.

J'ai connu deux fois les délices de la pension. La première fois, j'avais huit ou neuf ans, c'était au lycée Molière, à Paris. La directrice était une brave femme, les draps sales et la nourriture infecte, mais Douce me tenait chaud, les filles étaient gentilles ; surtout, il y avait dans la cour une paire de barres fixes et je m'enivrais de m'y exercer. Il m'en est resté des muscles de débardeur.

La deuxième fois, ce fut une autre histoire. D'abord, j'étais seule, Douce travaillait maintenant. Ensuite, je n'avais plus de chambre à la maison. Ma mère avait loué deux pièces à des étrangers et en tirait le plus clair de ses revenus. Je me sentais expulsée. Enfin et surtout, c'était une drôle de pension, un établissement de luxe qui accueillait essentiellement des jeunes Américaines pour leur enseigner les bonnes manières, l'histoire de l'art et un français correct. Une seule classe ouverte à une poignée de Françaises suivait les programmes en vue du bachot.

Qu'est-ce que je faisais là ? J'incarnais les bonnes œuvres de la directrice. Elle m'avait accueillie à demi-tarif, par égard pour ma mère qu'elle avait connue en des temps meilleurs. En échange, je devais seulement être la première de ma classe pour afficher l'excellence de l'enseignement dispensé par son établissement.

Je faisais ce que je pouvais, stimulée par des professeurs qui n'étaient pas nulles et qui avaient flairé en moi l'enfant pauvre. Nous étions dans le même camp, elles et moi.

Hélas, les autres pensionnaires l'avaient flairé aussi. La règle voulait que l'on se changeât pour dîner. Elles eurent vite repéré ma robe unique, mes chaussures fatiguées, mes mains vides le jour où on échangeait des cadeaux de Noël. Objet de leurs moqueries, de leurs sarcasmes, je serrais les dents. Que faire ? Ah, les braves petites ! Elles m'ont instruite sur une certaine méchanceté humaine. Il ne me restait qu'à endurer, endurer...

J'ai raconté ailleurs l'humiliation que la directrice – qu'il fallait appeler Petite Mère, un comble ! – m'infligea pour sauver la face d'une « grande », le chantage auquel elle me soumit. Ce jour-là, elle m'a marquée au fer rouge. J'ai compris pour la vie ce qu'était un rapport de forces. J'étais faible, impuissante, mais un jour je serais forte, j'en fis serment.

En attendant, j'implorais l'aide de Dieu et priais tous les soirs dans mon lit pour qu'Il me tire de là. Vers qui d'autre se tourner ?

Me vint même une petite crise mystique. Une amie de pension, hollandaise, Claire, m'avait entraînée au temple où elle préparait sa première communion dans le rite protestant. Là, quelque chose me saisit : la sobriété du lieu, l'absence de décorum, le climat d'austérité... Si c'était cela, l'église, je voulais bien aller à l'église, ce à quoi je me refusais jusque-là obstinément... Le pasteur m'autorisa à suivre l'enseignement qu'il donnait à Claire et je fus subjuguée... Tout ce que j'entendais là m'allait droit au cœur. J'aimais qu'il n'y eût pas de confession, pas de culte marial, pas de simagrées, que l'on soit face à sa conscience. Si j'avais dû rencontrer Dieu, c'est dans ce temple qu'Il m'aurait été révélé.

J'ai gardé une vraie nostalgie de ces quelques mois où le sentiment religieux m'a habitée, mais il s'est flétri et ne m'a plus jamais effleurée. En vain ma mère, qui avait la foi du charbonnier, a-t-elle cherché à le ranimer. Je n'étais pas douée, voilà : pas douée.

Petite, j'avais fait scandale en déclarant qu'on ne pouvait pas être vierge et avoir un enfant, ce qui relevait du bon sens mais avait chagriné ma mère. Depuis, j'avais appris à me taire devant les étrangetés du catéchisme, mais sans céder d'un pouce intérieurement.

Dans les quelques circonstances dramatiques où j'ai eu besoin de secours, en prison, sur un lit d'hôpital, la tentation du religieux m'a parfois effleurée : Mon Dieu, aidez-moi... Une prière m'est même montée aux lèvres. Mais ce fut mécanique. Je ne crois pas en un Dieu d'amour. Ni d'ailleurs en un Dieu de colère. Mécréante je suis, mécréante je mourrai, selon toute vraisemblance, sans en tirer ni honte ni orgueil.

On peut même dire que c'est une infirmité, une dimension de l'esprit qui me manque. Je crois qu'il n'y a rien après la vie, tout simplement. Cela ne se commande pas.

Pourtant, Dieu est à la mode, ces temps-ci. Dieu féroce des intégristes qui égorgent en Son nom et se racontent qu'ils finiront au Paradis avec des corbeilles de dattes, des ruisseaux de miel et des femmes à profusion. Dieux de pacotille des sectes. Dieu insaisissable des incroyants qui se résignent mal à ne pas y croire et vont en quête de sacré ; mais où Le mettre quand la foi n'y est plus ?

Au fur et à mesure que le sentiment religieux semble croître, la pratique religieuse décroît, les agnostiques se multiplient, et ce n'est pas le moins troublant. Comme s'il n'y avait plus adéquation. C'est un philosophe chrétien, Paul Ricœur, qui écrit : « Si les religions doivent survivre, il leur faudra renoncer à toute espèce de pouvoir autre que celui d'une parole désarmée : elles devront faire prévaloir la compassion sur la raideur doctrinale ; il leur faudra surtout chercher au fond même de leurs enseignements ce surplus de non-dit grâce à quoi chacun peut espérer rejoindre les autres... »

Le sûr est que la majorité de nos contemporains vit dans l'inconfort sa relation avec Dieu, ou, si l'on veut, avec la transcendance, ce qui se situe hors d'atteinte de l'expérience et de la pensée de l'homme. Des philosophes (Luc Ferry), des écrivains (Jean Daniel) se sont efforcés de leur apporter non pas des réponses – qui a des réponses à l'abandon de Dieu par ses petits enfants ? –, mais des éclaircissements sur leurs incertitudes d'agnostiques. Cela fait de beaux livres profonds. Pas des vade-mecum pour âmes en recherche...

De temps en temps, l'un ou l'autre des amoureux de Douce venait rompre notre cercle de femmes. Si je le jugeais digne d'elle, je leur donnais ma bénédiction comme on permet aux enfants d'aller jouer dans la rue.

Elle était si belle, Douce, si tendre, si joyeuse... Aussi sociable que j'étais rugueuse. Adulée, courtisée, mais sage comme une vraie jeune fille de son temps. D'ailleurs, j'y veillais ! J'étais son petit chaperon, incorruptible.

Grâce à elle, et à l'indéracinable optimisme de ma mère en dépit des difficultés où elle se débattait, notre maison n'a jamais cessé d'être gaie et jolie. Les peintures s'écaillaient ? Nous les refaisions nous-mêmes. Les fauteuils n'en pouvaient plus ? Un coupon en solde, et on les rhabillait. Trois tapis d'Orient, vestiges des temps meilleurs, assuraient l'essentiel. Et, tous les samedis, il y avait, orchestrée par ma mère, séance de couture à laquelle se joignaient de jeunes amies.

Ce que l'on appelle aujourd'hui le prêt-à-porter n'existait pas. Existait seulement, à bas prix et de basse qualité, la « confection ». Toute femme un peu habile lui préférait ses propres produits, réalisés avec force patrons, et l'aide parfois d'une couturière à la journée. Et la rue était jolie, parce qu'elles avaient du goût, du chic, ce chic qui faisait la renommée de la Parisienne. Aujourd'hui où l'élégance a pratiquement disparu, on imagine mal ce que c'était.

Ce talent qu'avait ma mère pour tout faire de ses mains était malheureusement assorti d'une distraction grandiose. Laisser un fer branché sur une planche, oublier un ragoût sur le feu étaient les moindres de ses péchés. Un matin, enfilant un tailleur pour aller au studio, je lui trouvai une drôle d'odeur.

« Ce n'est rien, dit ma mère, je l'ai trempé dans l'essence pour le nettoyer. L'odeur va se dissiper. »

Je sors. L'odeur ne se dissipe pas. À midi, je rejoins Marc Allégret à la piscine Molitor, j'enfile un maillot de bain. Je m'approche de lui pour l'embrasser, il s'écrie : « Mais qu'est-ce que tu sens ? C'est horrible ! » Je ne sais pas ce que je sens, je voudrais bien le savoir. J'en ai des larmes au fond de la gorge. J'ai honte de moi.

Fin de l'histoire : je sentais le pétrole.

En fait d'essence, c'est dans un litre de pétrole que ma mère avait trempé mon tailleur !

Il faut beaucoup aimer sa mère pour lui pardonner une pareille étourderie. Mais que ne lui aurais-je pas pardonné ?... Elle était ma petite fille, ma protégée.

Un jour de grande disette où je ne sais quel de ses projets mirifiques s'était effondré et où je la vis hagarde, retenant mal ses larmes, j'ai décidé que l'heure des grandes résolutions était venue. Puisqu'elle était résolument incapable, la pauvrette, de faire bouillir notre marmite, j'allais m'en charger, travailler.

Jusque-là, il avait toujours été convenu que je serais médecin, comme mon grand-père, comme deux de mes oncles. J'avais quatorze ans. J'étais bonne élève, grâce à une mémoire de fer, et j'imaginais avec délices les années de faculté qui m'attendaient.

Ce jour-là, j'ai dit adieu à la médecine, non sans douleur. Un arrachement. Au point que, vers quarante ans, j'ai voulu reprendre mes études. Mais il me manquait les bases nécessaires. Ce n'est que l'un des rêves que j'ai dû abdiquer.

À quatorze ans, donc, en fait de médecine, j'ai appris la sténodactylo. Quand on veut vivre plusieurs vies, il faut vivre plusieurs morts. Ce fut ma première mort. Mais je n'oublierai jamais la saveur du premier salaire – huit cents francs – que j'ai rapporté à la maison. Qui oublie son premier salaire ? Quelle fierté !

En rentrant, je trouvai ma mère à la cuisine en train de nettoyer le carrelage avec une serpillière. Les produits d'aujourd'hui n'existaient pas. Elle avait les mains rouges, gercées, ses mains si jolies... Je pensai qu'à l'avenir, j'allais lui épargner ce travail en payant une femme de ménage, et que cela valait tous les sacrifices...

La vérité m'oblige à dire que je n'ai pas songé aux mains de la femme de ménage.

Je n'avais alors aucune idée de ce qu'était une classe sociale, encore moins de celle à laquelle j'appartenais. Je savais qu'il y avait des riches et des pauvres, et que les premiers écrasaient les seconds. La tante Emma en était l'odieux visage. Je savais que nous étions pauvres, ô combien, mais une expérience m'avait enseigné que je n'étais pas une pauvre tout à fait comme les autres.

C'était à l'école Remington où j'apprenais la sténodactylo. Elle était fréquentée par des jeunes filles un peu plus âgées que moi, à peine, toutes d'origine modeste. Quand nous sortions de l'école, elles se précipitaient dans les Grands Magasins sans y rien acheter. Pour voir, pour toucher, pour humer ce dont elles avaient envie. Parfois, je me laissais entraîner. Mais ce qu'elles convoitaient me semblait laid, ordinaire. Plus étonnant, ce qu'elles lisaient : *Le Film complet* et autres publications du même style qu'elles se prêtaient l'une l'autre. Je ne comprenais pas l'agrément que l'on pouvait y prendre. L'une d'elles était amoureuse et nous présenta un jour l'élu de son cœur : il était garçon d'épicerie.

Tout cela me troublait énormément. Comment pouvait-on choisir d'être garçon d'épicerie ? Je n'arrivais pas à comprendre que ce n'était pas un choix. Que ces jeunes filles si gentilles n'avaient jamais appris à lire autre chose que *Le Film complet*, que je n'avais aucun mérite à apprendre deux fois plus vite qu'elles ce qu'on nous enseignait, que quelque chose, à la base, nous rendait différentes. Mais quoi, puisque j'étais encore plus pauvre qu'elles ?

J'ai posé quelques questions à ma mère. La lutte des classes lui était étrangère, la pauvre chatte. Mais elle m'expliqua que la société se présentait comme une échelle ; que, du fait de notre ruine, nous étions en bas, déclassées, mais qu'on gardait toujours quelque chose de ses origines. Et elle ajouta :

« Il ne faut en être ni fière ni honteuse.

– Et on peut se reclasser ?

– Quelquefois. Quand on a de la chance. »

Déclassée, donc, j'étais. Et j'allais aggraver les choses en arrêtant mes études.

Ma mère en souffrait, elle qui avait pour moi tant d'ambition, mais je lui disais :

« Ne pleure pas, Maman, un jour tu seras fière de moi, tu verras... »

Cela, elle était toujours prête à le croire.

Le croyais-je moi-même ? C'était plus vague. À sept ans, je voulais en toute simplicité décrocher la Lune pour la lui offrir. Admettre mon impuissance fut mon premier renoncement devant l'ordre du monde. Cependant, j'avais confiance en moi, parce qu'elle m'avait fait ce cadeau magnifique : croire en mes propres forces. Mais pour faire quoi ?...

En attendant, il fallait trouver un emploi. La tante avait déjà son idée : sa teinturière avait besoin d'un grouillot. J'ai envoyé la tante au bain. Je voulais avoir un métier, ne pas traîner ici ou là sans qualification.

Un métier ! C'est alors que j'ai pris la décision d'apprendre la sténodactylo. Petit problème : les cours de l'école Remington étaient payants. Si j'ai bonne mémoire, il me fallait cinq cents francs. Où les trouver ?

Il y avait dans la famille un lointain cousin employé dans une maison de couture, mal considéré parce qu'on le soupçonnait, sans que le mot fût jamais prononcé, d'être pédéraste. Je ne savais pas ce que c'était, mais j'avais conscience qu'il était un paria. Entre parias, on se comprend. Je suis allée lui demander ces cinq cents francs en lui expliquant mon affaire. J'ai dit que je le rembourserais sur mes premiers salaires. Il m'a fait confiance. Il était bon. C'est très rare, les gens bons, mais il y en a, il ne faut pas croire, il y en a...

Munie d'un diplôme de sténodactylo en bonne et due forme – cent trente mots à la minute –, j'ai consulté les petites annonces de *l'Intransigeant*. Les emplois ne manquaient pas, à l'époque. Un libraire pour bibliophiles cherchait une vendeuse-sténodactylo. Tel fut mon premier pas dans la vie professionnelle. J'avais quatorze ans et demi, une bonne tête de petite fille bien tenue, et nul n'aurait pu déceler sur mon front l'étoile que ma mère prétendait y voir, signe annonciateur d'un grand destin.

D'ailleurs, je n'ai pas eu un grand destin. Tout au plus ai-je fait carrière, c'est autre chose.

Quand une jeune fille, un jeune homme ardents me demandent aujourd'hui : « Que faut-il pour réussir dans le journalisme ou dans le cinéma ? », je lui réponds : « Il faut du travail, de la chance et des dispositions. Si l'un des trois éléments vous fait défaut, vous piétinerez. »

On pourrait le dire de tous les métiers. Je ne connais pas de réussite professionnelle, à quelque niveau que ce soit, où l'on ne trouve associées ces trois clés du succès.

Reste que la chance est furtive. C'est un cheval cabré qu'il faut savoir enfourcher d'un coup quand il passe.

Rétrospectivement, je vois bien qu'elle m'a toujours servie dans ma vie professionnelle. Cher Arthur...

La librairie, d'abord, dont j'ai avalé en un an tout le fonds : deux cents livres, peut-être. Elle ne vendait pas de livres courants, seulement des éditions rares. De sorte qu'au lieu de me bourrer du tout-venant, je n'ai lu que la crème, par ordre alphabétique, de Baudelaire à Voltaire, de Bernanos à Tolstoï, de Diderot à Stendhal, que sais-je... Ce n'est pas une chance, cela ? Imaginez que je sois tombée chez un marchand de vins !

Je n'étais pas ignare. Il y avait beaucoup de titres dans la bibliothèque familiale. J'avais lu, à douze ans, *Madame Bovary*, qui me laissa bouleversée. Quelqu'un en fit la remarque à ma mère, lui conseillant de ne pas me laisser lire « n'importe quoi ». Elle répondit qu'il n'est jamais trop tôt pour découvrir la bonne littérature.

À quatorze ans, j'étais tombée sur *Les Nourritures terrestres*, et là, ce fut le choc. « Sors de ta ville, de ta famille, de ta chambre, de ta pensée... Aime sans t'inquiéter si c'est le bien ou le mal... J'ai porté hardiment la main sur chaque chose et je me suis cru des droits sur chaque objet de mes désirs... Une existence pathétique plutôt que la tranquillité... Nathanaël, je t'enseignerai la ferveur... » Ah, il m'a secouée, le père Gide !

Je n'ai jamais relu *Les Nourritures*, et quelque chose me dit que c'est illisible. Mais peu importe. Chaque fois que j'ai été en situation de rompre des amarres, leur mélopée m'est revenue aux lèvres.

J'avais un océan de livres devant moi. J'y ai plongé. Fallait-il m'en extraire lorsque Marc Allégret, que je connaissais depuis l'enfance, est venu m'y pêcher pour m'embaucher comme script-girl ? Ce n'était pas évident. Perdre un emploi agréable, principale ressource de la famille, pour un métier précaire, était-ce bien raisonnable ? Non. Ce ne l'était pas. Je l'ai fait, cependant. Mais je me souvins encore du sentiment fulgurant que j'ai eu de jouer là ma vie.

Marc attendait ma réponse chez lui, dans le fameux appartement de la rue Vaneau qu'il partageait avec Gide. Je suis entrée dans l'ascenseur, j'ai posé le doigt sur le bouton du dernier étage et il s'est passé une seconde avant que je ne l'enfonce. Une seconde pendant laquelle j'ai eu le sentiment de me tenir dans le creux de ma main, comme un brelan de dés que j'allais jeter.

Ce fut une fameuse expérience. Je ne savais rien de ce métier de scripte qui exige – qui exigeait, surtout à l'époque – un minimum de connaissances techniques.

Le film où j'ai débuté s'appellait *Fanny*, la Fanny de Pagnol. Dire avec autorité à M. Raimu ou à M. Pierre Fresnay : « Vous teniez votre verre de la main droite et pas de la main gauche quand on a coupé... », il faut le faire quand on est une puce débutante de seize ans... Ils étaient terribles, ces messieurs ; cruels, même. Mais Marc m'avait confiée à son assistant Pierre Prévert pour qu'il m'évite les bourdes, et en deux semaines j'avais à peu près maîtrisé la situation, bien que Raimu me terrorisât.

Marcel Pagnol, lui, était un ange, un ange nonchalant qui avait toujours l'air de s'excuser de sa notoriété, comme si elle était le produit d'une imposture. C'est là que j'ai découvert le monde des vedettes, des gens fragiles, capricieux, éventuellement méchants avec le petit personnel, complètement narcissiques. Les grands acteurs sont des monstres. Odieux dans le courant des jours, sublimes lorsqu'ils disent leur texte, et alors on leur pardonne tout. Les vedettes, aujourd'hui, sont les animateurs de télévision. Des bateleurs. Aucun rapport. Ou ce sont des chanteurs qui se produisent dans des salles gigantesques, baignés par la foule, et c'est encore tout autre chose. Les idoles de grand-messes païennes. La vedette de cinéma, la star, l'étoile d'autrefois, c'était un visage cent fois multiplié par l'écran, que l'on regardait dans une salle chaude et qui faisait rêver par sa grâce, sa beauté, le dessin de ses lèvres, la profondeur de son regard, la naissance de ses seins, le désir qu'elle suscitait. L'étoile vous appartenait à vous seul, le temps d'un film. Il n'y a plus d'étoiles qui font rêver. Brigitte Bardot aura été la dernière.

Et puis il y avait Marc, bien sûr, beau comme un dieu, affectueux, me traînant partout derrière lui, à la piscine, au restaurant. Il n'avait qu'un défaut : j'étais amoureuse de lui. Amoureuse comme on ne l'est qu'à l'adolescence, c'est-à-dire éperdument, gravement. Lui me traitait comme sa petite sœur.

Un soir où j'étais chez lui, le téléphone a sonné, il a décroché et entamé une interminable conversation avec une comédienne qui l'appelait de Berlin. Conversation nocturne entre deux amants qui brûlent d'être ensemble, conversation qui m'est devenue insupportable. Alors j'ai saisi un vase qui se trouvait là, et je l'ai jeté par terre où il s'est brisé. Marc s'est retourné, puis a repris sa conversation comme si je n'avais pas existé.

Je n'ai jamais oublié l'humiliation, la honte brûlante où m'a plongée mon geste, et je peux dire sans mentir qu'à partir de ce jour je n'ai plus jamais fait à un homme quelque chose qui s'apparente à une scène de jalousie. Jamais. Je peux produire des témoins, Votre Honneur...

À propos, la jeune comédienne en question s'appelait Simone Simon, encore inconnue et affamée de réussite. Surtout, elle rêvait de bijoux. Alors, le soir, elle entraînait Marc rue de la Paix et léchait avec lui les vitrines illuminées où étincelaient les pierreries. Plus tard, elle fut comblée. Des protecteurs judicieusement choisis furent chargés de satisfaire ses appétits.

Comme beaucoup de jeunes gens de l'époque, Douce avait la passion du cinéma. Nous y allions deux fois, trois fois par semaine, avec l'un ou l'autre de ses galants. Nous allions aussi dans un club de cinéphiles où l'on discutait âprement du dernier King Vidor ou du dernier Buñuel.

Est-ce ma mémoire qui me trahit ? Il me semble que tous les films, dans des genres différents, étaient beaux, à l'époque ; nous vivions gavés d'images. C'est au club que j'ai vu un soir en grand secret un film d'Eisenstein interdit en France, *La Ligne générale.* J'en ai encore certains plans dans les yeux. Assimilé à de la propagande soviétique, il avait été censuré par les autorités. Comme *Le Cuirassé Potemkine.*

C'est aussi à cette époque que Douce se mit à sortir seule avec un garçon qui ne me plaisait pas. Elle le présenta à ma mère qui éprouva pour lui une antipathie immédiate, et elle nous annonça qu'elle allait l'épouser. Consternation à la maison, mais qu'y faire ? C'était un jeune homme de bonne famille, comme on disait alors, ingénieur chez Michelin, avec une mère et deux frères aussi sympathiques qu'il l'était peu. Maman s'est inclinée.

Ce ne fut pas un mauvais mariage. Mais, quelques années plus tard, Douce découvrit que le garçon appartenait à la Cagoule, l'organisation subversive d'extrême droite qui sévissait alors et se manifestait par des assassinats. Michelin, qui la finançait parmi d'autres grandes entreprises, était l'un de ses nids.

Douce quitta alors son mari. Il le comprit. Ils étaient séparés par l'essentiel.

Pendant la guerre, il entra dans la Milice et fut exécuté par la Résistance. L'instinct de ma mère ne l'avait pas trompée. Douce, qui avait une âme d'épouse fidèle et dévouée, souffrit durement de cet épisode. Il aurait été dans sa nature de suivre son mari jusque dans le pire. Elle s'en était arrachée à temps, mais au prix d'un réel déchirement.

À partir de *Fanny* j'ai travaillé sans cesse, enchaînant film sur film quand la chance, encore une fois, est passée.

Elle a pris le visage d'une femme, l'épouse d'un producteur respecté qui avait fait fortune dans le film comique. J'avais travaillé pour lui à deux reprises. Il préparait un film avec Raimu et Fernandel, *Les Rois du sport*, que devait réaliser Pière Colombier. Cette femme dont je vous parle m'aimait bien et avait grande influence sur son mari. Elle lui dit : « Tu devrais la prendre comme première assistante. C'est la meilleure que tu trouveras. » Il l'a écoutée. Moi, je tremblais. Il s'agissait d'un film lourd. Serais-je capable ? J'ai sauté à l'eau en fermant les yeux. Ainsi suis-je devenue la première fille assistant-metteur en scène. Dans une production de cauchemar : il fallait manoeuvrer cent cinquante figurants ; Pière Colombier était ivre du matin au soir ; Raimu et Fernandel exigeaient d'entrer simultanément sur le plateau : pas question que l'un des deux attendît l'autre, fût-ce une fraction de seconde... J'en ai bavé, si j'ose dire. Mais j'ai gagné mes galons.

Ensuite, jusqu'à la guerre, je n'ai plus travaillé qu'en qualité de première assistante.

Entre-temps, Arthur m'avait à nouveau protégée, dans ma vie privée, cette fois. C'était le soir anniversaire de mes vingt ans. J'étais mélancolique comme un chat coupé. Vingt ans, c'est l'âge... Le travail, cela marchait à peu près, mais je n'étais pas guérie de Marc et je vivais dans une grande solitude. Les gens de mon milieu naturel, j'avais rompu avec eux ; ils me tenaient d'ailleurs pour une dévergondée, parce que je travaillais. Les gens de cinéma, je n'avais guère d'atomes crochus avec eux ; par ma faute, sans doute, rugueuse comme j'étais. *« Ça se prend pour qui ? »* Combien de fois ai-je entendu cela... Mais c'est justement quand on n'est rien qu'il est intolérable de se faire pincer les fesses. Qu'est-ce qu'une fille pauvre dans un milieu purement masculin ? Un gibier, rien qu'un gibier, pourchassé quand il résiste, méprisé quand il cède. C'est épuisant. Je disais : « Je ne veux pas qu'on me touche. » Et ces imbéciles ricanaient. Je les haïssais. Ils m'ont brouillée pendant dix ans avec l'espèce masculine.

Or, un producteur de bonne réputation, S.S., s'était avisé de vouloir m'épouser et avait organisé, pour mon anniversaire, une fête dans une boîte russe où nous allions souvent avec Joseph Kessel. Tziganes, vodka, blinis et roses rouges dans le seau à champagne, c'est tout ce que j'aimais. Les tziganes créaient par leurs chants déchirés cette atmosphère de folle mélancolie dont ils ont le secret. Kessel buvait beaucoup, après quoi il mangeait son verre jusqu'au pied, consciencieusement. Et, à partir d'une certaine heure, il ne fallait pas laisser de lunettes à portée de sa main. Il les mangeait aussi.

Il était magnifique, Kessel, avec sa tête de tigre royal couronné de boucles, ses yeux bleus qui disaient toute la tristesse du monde, cette puissance qu'il dégageait. C'était un bon compagnon de vie nocturne en ces soirées où l'on tremble d'avoir à se retrouver seul dans sa chambre, et que l'on étire jusqu'à l'aube.

Ce soir-là survint une petite scène que j'ai déjà racontée ailleurs mais à laquelle je reviens parce qu'elle illustre avec éclat le rôle de la chance pure dans ma vie.

J'adore la musique russe, mais elle ajoutait encore à ma tristesse. Ce que voyant, S.S. me glissa à l'oreille : « Pouvons-nous annoncer la bonne nouvelle à nos amis ? » S.S. était petit et fort laid, mais c'était un homme fin et plus cultivé qu'il n'y en avait en général dans ce milieu. Il m'avait offert pour mes vingt ans le premier volume de *La Pléiade* ; c'était un Baudelaire en robe de vrai cuir. Je l'ai encore.

Un instant, je m'imaginai mariée avec lui, arrachée à la pauvreté, achetant du parfum, des fleurs, avec des enfants peut-être ; normale, quoi ! Oui, mais je ne l'aimais pas, pas du tout.

Il me pressait de répondre. Alors je dis :

« Je vais jouer à pile ou face. Pile, je vous épouse. Face, c'est non. »

Éberlué, il m'a tendu une pièce.

Ce fut face. J'étais sauvée et, j'ose le dire, lui aussi. Il a fait plus tard un excellent mariage avec une personne raisonnable.

Cette année-là, le Front populaire arriva au pouvoir et la guerre civile commença en Espagne. J'étais déjà politisée par la grâce de ma mère, favorable à Léon Blum qui avait été un ami de mon père, hostile aux communistes dont elle se méfiait ; sensibilisée en tout cas à l'existence du fascisme, en Italie et en Allemagne, que la plupart des Français avaient carrément l'air d'ignorer. Ils se contentaient de rire quand ils voyaient aux « Actualités » Mussolini ou Hitler éructer. Des clowns, disaient-ils.

Quand les grèves commencèrent à embraser le pays, l'affolement gagna une partie de la bourgeoisie qui se voyait déjà dépossédée. De ce côté-là, nous n'avions vraiment rien à craindre. C'est ce que ma mère expliqua à ma tante qui parlait d'émigrer : « Oh, toi, avec ton Blum, disait-elle, tu es aveugle ! Ces gens-là vont nous pendre, nous pendre ! »

Aux studios de Billancourt, le travail avait cessé. Les locaux étaient occupés. J'entretenais des rapports affectueux avec les ouvriers. Je leur apportais à manger. Ma mère approuvait : « Ce n'est jamais de ce côté-là que te viendra le mal », me déclarait-elle.

Le cinéma avait recueilli quelques réfugiés allemands ou autrichiens, généralement des scénaristes très habiles, et c'est par eux que j'ai entendu les premiers récits, terrifiants, de ce qui se passait en Allemagne. Mais qui avait envie de savoir ? Cela vous entrait par une oreille et vous sortait par l'autre, il faut le dire parce que c'est vrai.

Sur la guerre d'Espagne, en revanche, l'attention était très sollicitée, la couverture de presse abondante. Quand l'aviation allemande au service des franquistes bombarda Guernica en 1937, ce ne fut qu'un cri. Enfin, pas pour tout le monde : Claudel se déshonora. En revanche, Bernanos et Mauriac – celui-ci au bout d'un long chemin – stupéfièrent leur camp en s'insurgeant contre les massacres franquistes.

Il y a beaucoup d'émotion à Paris, des manifestations où l'on réclame « des avions pour l'Espagne », des meetings. Je vais partout avec un vieil ami de ma mère, Jean W., qui ne veut pas me laisser aller seule. « Elle est enragée, répète-t-il, elle est enragée ! »

Suis-je enragée ? Pas du tout. Je suis bouleversée, je suis choquée, j'ai mal à l'Espagne, je voudrais faire quelque chose, *faire quelque chose* ! Ah, si j'étais un garçon ! Je saurais bien rejoindre une brigade de volontaires. Justement : un ouvrier de cinéma, un électricien qui est mon copain, vient de s'engager. Mais je suis une fille. Les filles ne font pas la guerre. Elles font des pansements.

Faire quelque chose... Combien de fois dans ma vie serai-je ainsi taraudée ! Mais il est si rare qu'on puisse « faire quelque chose » au lieu de regarder le fleuve couler. C'est pourtant ce qui s'appelle vivre, sentir le sang battre dans ses veines, agir...

Je ne suis pas allée en Espagne. Ma mère m'a consolée. Entre-temps, le gouvernement français était tombé après avoir accordé aux salariés quinze jours de congés payés et la semaine de quarante heures.

Ce que furent les premiers congés payés, on ne peut pas le dire. L'ivresse timide, la découverte de la mer pour beaucoup, les coups de soleil parce qu'ils n'avaient pas l'habitude, la saveur inconnue du repos... Rien n'apportera plus jamais à la population des travailleurs un tel présent.

Pendant les trois ou quatre années qui précédèrent la guerre, l'animal sauvage que j'étais fut apprivoisé par trois hommes qui me réconcilièrent avec leur espèce. Il était temps. J'étais insupportable.

Ces trois hommes : Jean Renoir, Saint-Exupéry, Louis Jouvet, ne me portaient aucun intérêt amoureux, seulement une sorte d'affection attendrie par ma jeunesse et amusée par mes ruades. J'avais sans doute besoin de faire connaissance avec l'autorité. Ils en eurent, chacun à sa manière, et surtout surent me la faire accepter.

Jean Renoir, gros homme joufflu et bourru aux yeux bleu de ciel, était un patron, un vrai. Il pouvait être dur et l'était souvent avec son assistant, Jacques Becker, auquel il revenait de manœuvrer la figuration dans *La Grande Illusion.* Mais il avait un talent particulier pour extraire de chacun le meilleur, que ce fût Jean Gabin ou un humble petit rôle, ou encore, bien sûr, ses techniciens. Il ne criait jamais, il stimulait. On se serait fait tuer pour lui donner satisfaction. Si diriger signifie quelque chose, il dirigeait avec la maestria d'un grand chef d'orchestre.

Quand j'ai eu beaucoup plus tard à diriger une équipe, il n'y a pas eu de jour où je n'ai pensé à lui. « Diriger *l'Express*, disais-je à J.-J. S.-S., c'est diriger la Scala de Milan. Les journalistes sont des artistes, il y en a de bons et de mauvais, mais ce sont des artistes, angoissés par leur page blanche... Il ne faut pas les engueuler. Il faut les aider à extraire d'eux-mêmes le meilleur. Alors ils seront heureux. »

Plus facile à dire qu'à faire, mais l'exemple de Renoir ne m'a jamais quittée. Je l'appelais « Monsieur ». Je le respectais. En fait, c'est le premier homme que j'aie respecté.

Saint-Exupéry, c'est autre chose. Il m'a donné le baptême de l'air dans son petit Caudron rouge qu'il a cassé en le posant. Il cassait beaucoup.

De lui je n'ai reçu aucune leçon. J'aurais bien voulu qu'il me révélât le secret de ses tours de cartes, mais il n'a jamais voulu. Ce qu'il m'a appris, ce sont des chansons : *Aux marches du palais, il y a une tant belle fille...*, des poèmes, de belles histoires qu'il inventait pour moi, où la lune poussait d'un coup d'épaule cent millions de vagues vers le Chili... Il m'a protégée pendant que nous tournions *Courrier Sud* dans le désert – j'étais la seule fille d'une équipe d'hommes –, et j'ai découvert avec lui qu'un homme pouvait donner sans exiger quelque chose en échange, que l'éternel, le sale marché n'était pas fatal. C'était un seigneur.

Louis Jouvet, enfin. Quand je l'ai connu, il tournait *Éducation de prince*, film sur lequel j'étais première assistante. Avec ironie, avec bonté, il m'a administré quelques leçons de vie. Il m'a beaucoup taquinée – et c'était salutaire – quand je faisais ma sucrée. Il m'a appris à me conduire avec simplicité, à modérer mon agressivité.

« Tu es une corde tendue, me disait-il. Lâche un peu, lâche... Tu n'es pas entourée d'ennemis ! »

À la jeune fille que j'étais, il a donné son amitié. Elle ne s'est jamais démentie au cours des années.

Je les ai perdus de vue tous les trois quand la guerre a éclaté. Jean Renoir était en Amérique ; Saint-Ex aussi, avant que son avion ne s'abîme dans la mer ; Jouvet avait gagné l'Amérique du Sud avec sa troupe pour n'avoir pas à jouer devant les Allemands. D'autres n'allaient pas avoir le même scrupule. Les années noires commençaient.

Cinq années pendant lesquelles je n'ai pas souvenir d'un jour de bonheur. De l'exode à la fin de la guerre, en mai 1945, ce fut un long tunnel sans fin.

Le 10 juin 1940, au volant de ma petite voiture, une Simca 5, je me suis engluée dans la longue colonne de Parisiens qui fuyaient la ville sous un soleil radieux.

Cette petite voiture avait une histoire. Je n'aurais jamais eu de quoi l'acheter, même d'occasion. Or, pendant les derniers mois de la « drôle de guerre », une amie dont le mari était mobilisé et qui ne savait pas conduire me demanda de la transporter jusqu'à Fontainebleau dans la voiture dudit mari. Ce que je fis au péril de sa vie et de la mienne : je n'avais aucune expérience de la conduite en ville. Ce jour-là, mon ange gardien fut à rude épreuve.

Pendant que nous roulions, mon amie remarqua à mon doigt une bague qui lui fit envie. Moi, lui dis-je, c'est ta voiture que j'envie. Ça peut s'arranger, répondit-elle ; tu me donnes la bague, je te donne la voiture...

Sans savoir laquelle de nous deux serait lésée, le marché fut conclu.

Je suis rentrée à Paris triomphante, manquant dix fois de me tuer, car le bloc de direction de la voiture s'était cassé, et j'oscillais d'un bord à l'autre des chaussées sans comprendre ce qui m'arrivait. Une pure folie.

Le temps de réparer, et c'est dans cet équipage qu'après dix-huit heures de route je gagnai Clermont-Ferrand, où Douce habitait. J'avais juste de quoi subsister quelques jours avec ma mère dans une chambre meublée dénichée par miracle – la ville regorgeait de réfugiés –, à partager le désarroi général.

Elle n'était pas belle à voir, la France de la défaite ! Après la débâcle militaire, c'était la débâcle des esprits : gens hagards ne sachant que faire d'eux-mêmes, où aller, quel avenir envisager. Fallait-il rentrer à Paris, en zone occupée par les Allemands ? On vit des associés décider que l'un rentrerait, tandis que l'autre resterait. Ainsi espéraient-ils limiter les risques pour leur entreprise. Ce n'était pas mal vu. Il y en eut, comme toujours, de plus malins que d'autres, de plus cyniques, de plus vifs à comprendre une situation positivement inouïe et à l'exploiter le mieux possible en se hâtant de faire leur cour à Vichy, mais quoi, il fallait vivre ! Il y eut ceux qui ne songeaient qu'à gagner Londres et qui réussirent...

Après quelques semaines de confusion, les choses se décantèrent néanmoins ; la ville se vida d'une partie de ses réfugiés. Restèrent essentiellement ceux qui venaient d'Alsace, l'université de Strasbourg...

Douce s'affairait pour essayer de leur rendre la vie moins dure. Je l'aidais. Mais au désarroi général allait bientôt s'ajouter mon désarroi particulier de bête piégée. J'avais des nausées, j'étais misérable. Je passais des après-midi à pleurer sur moi, occupation stupide s'il en est... Mon métier n'existait plus. Où trouver de quoi vivre ? Je cherchais...

Quand j'ai compris qu'aucun emploi, si humble fût-il, ne me serait proposé à Clermont-Ferrand, je suis partie pour Lyon. Le journal *Paris-Soir* y avait replié ses bureaux. J'y connaissais deux ou trois personnes, je pourrais peut-être m'y faufiler...

Là, Arthur fut très bien.

Est arrivé ce qui ne serait jamais arrivé à Paris. Pénétrant dans l'immense hangar où étaient entassés tous les services de *Paris-Soir*, je me suis glissée, sans que le moindre huissier m'arrête – il n'y en avait pas –, jusqu'au bureau du directeur du journal, Hervé Mille, que je connaissais vaguement. Il m'a reçue. Je crois qu'il m'a prise en pitié, bien qu'il n'en ait rien dit. Je ne devais pas être très flambante. Lui était superbe, avec ses yeux pervenche. Bras droit de Jean Prouvost, le grand patron de *Paris-Soir*, Hervé Mille a joué un rôle considérable dans l'histoire de la presse française, mais toujours en coulisse, sans se projeter sur le devant de la scène. À Lyon, en l'absence de Pierre Lazareff, enfui aux États-Unis, il était devenu tout naturellement le numéro un du journal.

Il m'a promis du travail. Mieux, il m'en a donné : de petites choses, une traduction par-ci, un conte par-là, quelques articles de-ci de-là, de quoi survivre. Surtout, il m'a assise en face de lui, dans son bureau ; j'écrivais sous son nez et, pendant cinq mois, j'ai vu, là, comment se concevait et se faisait un quotidien.

Pourquoi m'a-t-il fait cette place ? Je ne sais pas. Sans doute parce qu'il était profondément généreux. Il m'avait adoptée comme il eût fait d'un petit chat.

Plus tard, il prétendra que non, pas du tout, qu'il avait détecté chez moi ce qui fait les vrais journalistes, et qu'il me formait...

Peut-être.

Mais ma position était précaire. Je ne songeais qu'à retrouver Paris et du vrai travail dès que mon bébé serait fini...

Lyon n'était pas encore la capitale de la Résistance, loin de là. Avant la deuxième moitié de 1941, il n'y eut que des actes isolés. Encore étaient-ils faiblement punis. Vichy faisait la chasse aux communistes, pas encore aux Résistants.

Des hommes tels que Jean Prévost, qui finit massacré dans le Vercors, ou Roger Vailland, qui fut un bon combattant, étaient encore à cent lieues de l'esprit de résistance. Un vichysme certain régnait.

La belle ville aux deux fleuves grouillait de Parisiens. Outre *Paris-Soir*, plusieurs journaux s'y étaient installés : *le Figaro*, d'autres encore. Une intimité baroque réunissait à la cantine de *Paris-Soir* des gens qui ne se seraient jamais rencontrés à Paris. Philippe de Rothschild bavardait avec le garçon de courses, l'ambassadeur René Massigli se laissait aller aux confidences, l'atmosphère était à la mélancolie, celle, éternelle, des réfugiés ; tout le problème semblait consister à se procurer un peu d'essence pour aller dîner hors de la ville.

La vie à Lyon n'était pas rude. On y mangeait mieux que convenablement, on y croisait une grande concentration de gens intelligents et sympathiques ; c'est là que j'ai fait amitié avec Vailland. Seuls les fumeurs étaient pénalisés. Pas de tabac. Mais deux ou trois prostituées de la ville, gentilles, se débrouillaient généralement pour les ravitailler.

C'est aussi à Lyon que j'ai éprouvé ma première allergie à l'égard des patrons, en l'occurrence Jean Prouvost. D'abord, il fallait l'appeler « Patron », ce à quoi je me refusais. Je disais

« Monsieur ». Mais ça le faisait rire. Ensuite, un soir qu'il nous traitait à dîner, il entreprit de nous faire goûter ce qu'il avait dans son assiette en nous tendant à l'un, puis à l'autre, sa fourchette ornée d'une bouchée. À la consternation générale, j'ai refusé de manger avec la fourchette du Patron.

C'était pure inconscience. Il pouvait m'écraser comme une mouche. Mais, là aussi, il a ri. Il m'appelait « la petite brune » et me traitait comme si j'avais été un caprice qu'il fallait passer à Hervé.

En fait, je ne sais pas ce qu'il pensait.

Quand je l'ai revu, vingt ans plus tard, à un moment où il souhaitait m'engager, il m'a dit : « Vous avez toujours mauvais caractère ? » J'ai dit : « Non. Je suis devenue très civilisée. »

Il eut plutôt l'air déçu.

Mon étape lyonnaise s'achevait. Je l'avais parcourue le ventre quasiment plat, grâce à quoi la honte d'avoir à avouer « ma faute » me fut épargnée. Il ne me restait plus qu'à mettre mon bébé au monde, à le confier à ma mère, qui se trouvait à Nice, et à rentrer à Paris. Je n'étonnerai personne en disant que ce ne furent pas les jours les plus gais de ma vie.

À Paris, une fois de plus, la chance me sourit. Un producteur dont j'ai déjà parlé, celui des *Rois du sport*, me confia l'écriture d'un scénario en collaboration avec... j'ai oublié qui. Puis je fus chargée d'en écrire un autre, seule. Puis un second, puis un troisième... Matériellement, j'étais tirée d'affaire.

Personne n'a encore écrit, à ma connaissance, le grand roman de l'Occupation et de son acmé, la Libération. Les témoignages sont nombreux, c'est autre chose. Personne ne nous a encore fait entendre à la fois le bruit des semelles de bois et les cris des torturés, le champagne giclant chez

Maxim's et les chars de la colonne Leclerc entrant dans Paris, les Citroën noires de la Gestapo et le frottement soyeux des bicyclettes, les ventres vides et les théâtres pleins, l'extraordinaire combinaison de lâcheté, voire d'infamies, et d'héroïsme qu'a sécrétée l'Occupation. En même temps on riait, on défiait follement le couvre-feu, on avait cette gaieté particulière de ceux qui savent la mort au coin de la rue. Et, sur le tout, une tristesse opaque, les croix gammées partout, les Allemands partout, le marché noir, les étoiles jaunes.

Mes premières retrouvailles furent avec ma crémière. J'avais souvenir d'une note impayée. Je passai donc pour la régler. Elle me fit fête :

« Me payer ? Ah vous, alors, on peut dire que vous êtes originale ! Tenez, venez par ici, je vais vous donner une demi-livre de beurre... Et, s'il vous faut autre chose, vous pouvez toujours venir. »

Le beurre coûtait la peau du dos. Je suis venue, et plus souvent qu'à mon tour.

Même scène chez le garagiste, et même étonnement. Les Parisiens avaient-ils tous déguerpi en plantant des drapeaux ? C'était à croire. Lui me proposa un vélo.

Problème aigu : les chaussures. Les miennes avaient rendu l'âme. Semelles de bois ? Un pied cassé, autrefois, me rendait la marche pénible dans des chaussures non adaptées. Quelqu'un me donna une adresse où l'on travaillait sur mesure, avec du cuir et du liège. Le prix était exorbitant. Mais, en vérité, il y avait de tout à Paris. Question d'argent.

En 1942, alors que les nouvelles militaires, désastreuses, semblaient enlever toute espérance, Douce, qui prenait une part active à la Résistance en Auvergne, me dépêcha un émissaire. Elle voulait savoir si j'étais prête à aider. Bien sûr ! Aider à quoi ? De petites choses. Servir d'agent de liaison. Entreposer un poste émetteur, des armes. Héberger Pierre Dejussieu, chef de l'Armée secrète. Rien d'héroïque ni de spectaculaire. Mais quelque chose se dénoua dans ma poitrine. Enfin, j'allais faire quelque chose. Pour la première fois depuis le début de la guerre, je retrouvais une raison d'être.

Au fur et à mesure que les années passent, les Résistants de la base disparaissent, leur mémoire s'efface, la Résistance devient une épopée avec quelques grandes figures – Jean Moulin, Pierre Brossolette... – et le lieu d'études historiques sur le rapport de forces entre Résistance intérieure et Résistance extérieure, qui fut tranché par de Gaulle.

Au niveau de la piétaille, ce fut autre chose : une somme de gestes individuels qui exigeaient plus de conviction que de courage, tant nous étions ignorants de ce que nous risquions vraiment. Personne n'était sorti d'un camp de concentration pour nous le décrire. Personne ne s'était échappé des mains d'un tortionnaire. La

Gestapo, c'était un trou noir dans lequel il ne fallait pas tomber, mais au-delà...

En ce qui me concerne, l'aventure se termina à Fresnes. La Gestapo recherchait Pierre Dejussieu et croyait que je pouvais le localiser. Il s'agissait de me faire parler. Je n'avais rien à dire. Quelquefois, c'était le pire, de n'avoir rien à dire : on vous matraquait à l'infini, on vous engloutissait dans une baignoire. Cela m'a été épargné. Pierre Dejussieu a été arrêté et déporté à Buchenwald après avoir subi des traitements abominables et avant que les grands moyens n'aient été employés avec moi pour m'arracher ce que je ne savais pas. Dès lors, je n'étais plus intéressante et on me laissa croupir dans ma cellule.

Où Arthur, mon ange gardien, est intervenu, c'est qu'il m'a évité la déportation. J'ai fait partie des dernières détenues libérées dans la panique par les Allemands en juillet 1944. Douce, elle, arrêtée à Clermont, avait été déportée dès 1943. Quand j'ai été arrêtée, il ne restait plus qu'un seul membre de notre réseau en liberté. Beaucoup ne sont jamais revenus.

La joie de la Libération fut obscurcie pour moi par l'absence de Douce dont nous ne savions rien. Même pas dans quel camp elle se trouvait. Huit longs mois se sont écoulés avant la capitulation de l'Allemagne, que nous avons passés dans l'angoisse. Enfin, un jour de mai 1945, elle est rentrée, dans sa robe rayée, fantôme d'elle-même...

Elle m'a tendu un cendrier en cristal et m'a dit : « Tiens... Je t'ai rapporté ça de Bohême... »

C'était signé Douce. On ne rentre pas d'un voyage – fût-ce en enfer – sans rapporter un cadeau.

Douce, si belle avec ses cheveux d'encre, si courageuse, si gaie...

Elle a disparu prématurément, usée, et le jour où elle est morte, mon enfance s'est envolée. Ainsi, il n'y aurait plus personne pour me dire : « Tu es bête... Tu es bête comme tout ! » Il n'y aurait plus personne pour se soucier de mon confort, dont je n'ai jamais su prendre soin.

(J'écris depuis des années tordue sur de mauvais fauteuils, devant des tables trop hautes ou trop basses, sous des éclairages improbables... Négligence, ennui d'avoir à m'occuper de moi, mépris pour ma carcasse, que sais-je...)

Je n'aurais plus personne pour parler de ce dont on ne parle à personne. Tous mes souvenirs allaient être veufs.

Cet amour rustique qui nous unissait, où l'on ne se ménageait pas, où l'on s'envoyait aussi bien des vérités que des coussins à la tête, cet amour si puissant n'avait pas été assez fort pour la retenir.

Nous disions en plaisantant : « Quand nous serons vieilles, nous serons de vieilles dames indignes... Nous boirons du whisky et nous serons débarrassées des hommes... Ce sera le paradis ! »

Elle ne m'a pas attendue. Je lui en veux énormément. C'est l'unique fois où elle m'a fait défaut.

Donc, la guerre était finie, j'étais une scénariste reconnue, je savais faire, lorsque Hélène Lazareff me pria chez elle à déjeuner.

Je vis arriver une personne toute menue, marchant sur la pointe des pieds pour se donner de la taille, l'œil grave dans un visage rieur.

J'ai souvent dit qu'il y eut immédiatement entre nous un coup de foudre réciproque.

Comment Hélène m'avait-elle dénichée ? Elle cherchait du personnel de rédaction, Hervé Mille lui avait suggéré mon nom en même temps que ceux de deux autres journalistes qui s'étaient révélés à Lyon : Raymond Cartier et Max Corre.

Tout au début de l'Occupation, j'avais fait, comme je l'ai dit, des piges pour *Paris-Soir* qu'Hervé avait, semble-t-il, appréciées. Exercice fugitif pour moi ; j'aurais aussi bien travaillé chez un notaire pour gagner quelques sous... Mais la chance, toujours elle, m'avait mise sur le chemin d'Hervé. Et c'est ainsi que j'ai rencontré mon vrai métier, le journalisme.

D'abord, j'ai donné quelques articles à *Elle*, qui était encore un bébé-journal, et j'ai pris plaisir à voir travailler Hélène, petite flamme rousse, qui rentrait des États-Unis lestée d'une expérience professionnelle impressionnante.

Le hasard a voulu qu'elle soit alors victime d'un grave accident de santé qui allait l'immobiliser plusieurs mois. « Prenez *Elle*, me dit Pierre Lazareff. Qui d'autre peut le prendre ? » Je ne pouvais pas refuser. J'avais mis un pied dans le journalisme. Je ne soupçonnais pas qu'il m'engloutirait.

Il faut dire que je commençais à me lasser du cinéma. C'est un métier où il faut être metteur en scène ou rien. Le scénariste est un individu frustré qui voit éternellement son travail déformé par rapport à ce qu'il a conçu, qui se sent éternellement le second d'une équipe, et non le premier.

J'avais éprouvé ce sentiment d'une manière particulièrement aiguë en travaillant avec Henri-Georges Clouzot sur l'adaptation d'un roman de Nabokov, *Chambre obscure*. Un sujet sadique fait pour lui, mais qui, pour finir, n'a pas été réalisé, à cause d'une affaire de droits.

Nous étions dans le cadre idéal de Saint-Paul-de-Vence où il habitait le plus souvent, et là, nous parlions toute la journée. C'est ce qu'on appelle travailler à deux à une adaptation.

Clouzot, personnage brillant, d'une grande culture, était un monstre. Un gentil monstre plein d'attentions, mais un monstre. Il vous mangeait le cœur et le foie.

Il avait toujours un collaborateur pour ses scénarios et s'en servait comme d'un mur pour lui renvoyer les balles qu'il lançait. Celui-ci énonçait-il une idée originale ? il l'avalait, la malaxait, la faisait sienne, et vous la renvoyait si bien transformée qu'il n'en restait plus qu'une ombre. Quand il avait joué ainsi tout un après-midi, il disait : « Bon, tout ça est très mauvais... On verra plus clair demain. » Et demain on recommençait après une séance de plongée sous-marine à quoi il m'avait initiée...

D'abord, j'avais eu peur. Cette façon d'entrer dans l'eau de dos, entraînée par le poids des bouteilles... Un premier essai m'avait paniquée. « Si vous ne recommencez pas tout de suite, vous ne recommencerez jamais... », me dit Clouzot. J'ai recommencé et j'ai connu grâce à lui l'ivresse de la mer profonde, de son silence, de sa paix...

L'homme, qui passait pour être féroce sur un plateau et pour faire pleurer de préférence ses interprètes féminines, était tout à fait agréable avec ses scénaristes, sauf qu'il les pressait comme des oranges pour n'en garder qu'un filet. C'était épuisant. Je l'aimais bien. Une vieille amitié nous liait. Mais nul mieux que lui ne m'a fait sentir qu'avec un grand réalisateur, un scénariste n'est qu'une roue du carrosse.

Alors, réaliser soi-même ? En 1946, il était pratiquement exclu qu'une mise en scène fût confiée à une femme. J'étais donc dans une impasse, travaillant sans goût, pour des raisons essentiellement alimentaires, sauf une fois avec Jacques Becker.

Lui, c'était l'anti-Clouzot. Un protestant rigide, légèrement bègue, raffiné de goût et de manières, qui absorbait tout comme du buvard. Il en faisait du Becker, mais sans le dénaturer, mettant sa patte unique sur chaque phrase, mais comme s'il avait compris mieux que vous ce que vous aviez voulu dire... J'ai bien aimé travailler pour lui et c'est à lui que je dois le premier « dialogue » de ma carrière, à une époque où l'on n'en confiait guère aux femmes.

Le journalisme n'était pas plus féminisé que le cinéma. Il n'y avait pas une femme à la rédaction du *Monde*, ni à celle du *Figaro ; France-Soir* était un peu plus ouvert, mais on n'y trouvait pas une femme chef de service. Seule fenêtre : les magazines féminins. Pierre Lazareff en ouvrait une devant moi : j'ai sauté. Je ne l'ai jamais regretté, même si j'ai encore écrit, par la suite, quelques films.

L'un d'eux, *Julietta*, me procura une satisfaction particulière. Pierre Braunberger avait décidé de le produire pour donner un coup d'épaule à Marc Allégret qui chômait depuis longtemps. Il me demanda d'en écrire le scénario et les dialogues. Douce revanche sur ma jeunesse. J'accomplis ce travail avec plaisir... Mais faire un journal, c'est autre chose !

Diriger la rédaction de *Elle* fut exaltant et combien instructif... Hélène, revenue, était une animatrice extraordinaire. Russe, de la folie russe jusqu'au bout des ongles, changeante, brouillonne, s'adressant aux femmes françaises alors qu'elle n'avait pas la moindre idée de ce qu'était une femme française, elle n'avait que l'Amérique en tête, et cela, pour finir, lui réussissait très bien. Notre travail était heureux parce que nous étions complémentaires, et non en compétition. D'ailleurs, la petite patronne, c'était elle. Je l'ai beaucoup aimée et je crois qu'elle me le rendit. Surtout, comme nous nous sommes amusées ! Prendre un journal à ses débuts, le faire grandir, le voir se développer avec tous les aléas d'une croissance, c'est magnifique !

J'ai eu la chance de connaître cette expérience par deux fois dans ma vie, avec *Elle* et, plus tard, avec *l'Express.*

Au début de *Elle*, j'étais une jeune femme dure, tendue, marquée par la guerre. La Résistance m'avait donné l'âcre satisfaction de l'engagement, avec ses dangers et ses peurs. J'avais aimé cela, en dépit de l'effrayante légèreté de certains, mais ils l'ont payée si cher... La jeune fille que j'étais et qui souvent s'était demandé ce qu'elle faisait sur terre y avait trouvé un semblant de justification. Arrêtée, j'avais connu la prison, qui n'était pas le bagne, mais une façon d'éprouver sa propre résistance morale. Une expérience que je ne regrettais pas. La prison rend vert et mou à l'extérieur, mais fortifie à l'intérieur. Elle m'avait réservé une ultime épreuve inattendue : sur la foi d'un médecin, je crus avoir contracté la syphillis à Fresnes. Comment était-ce possible ? À cause des paillasses qui écorchaient. L'une d'elles avait dû me contaminer. Et à quoi voyait-il cela ? À des taches suspectes que j'avais sur les bras.

Jusqu'à ce qu'une analyse sérieuse mette fin à ce cauchemar, j'eus un mauvais moment à passer. Les taches ? Une eau de toilette à la bergamote. Ouf !

Plus grave : après la guerre, il y avait eu l'après-guerre. Et je fus de ceux qui encaissèrent très mal ce qu'il révélait. En un mot : Auschwitz. Et ce que Douce, déportée à Ravensbrück, m'avait raconté de son calvaire et de celui de ses compagnes, la nuit de son retour. Après, elle ne voulut plus jamais en parler. Jamais.

Quelle foi, quelle philosophie, quel espoir dans l'homme tenaient après cela ? Quelle source de joie et non de cynisme ? Le peu de dispositions que j'avais pour la foi religieuse en a été définitivement éradiqué.

En fait, de ce côté-là, je n'étais pas douée, je l'ai dit. Une petite scène vécue en prison me l'avait démontré. Une messe avait été dite, un matin, dans une cellule, par l'aumônier de la prison ; une dizaine de détenues tremblantes de froid et de dévotion y assistaient. L'émotion était réelle, palpable. Impossible d'y échapper. D'ailleurs, je n'essayai pas. Simplement, au moment de communier, j'ai eu un mouvement de recul. Je me suis dit : « Je ne peux pas faire ça, je n'y crois pas... » Et je me suis dérobée. Non, le secours de la foi n'était pas pour moi.

Après la guerre, c'est un pessimisme rageur qui m'a submergée. Rageur parce que, de nature, je suis optimiste, c'est-à-dire tout simplement habitée par un solide élan vital – qu'est-ce d'autre que l'optimisme ? La preuve : je voulais un autre enfant, comme une sorte de défi à l'horreur de la vie.

Alors j'ai épousé un homme singulier, T., d'origine russe, dont l'histoire était ni plus ni moins tragique que celle de dizaines de réfugiés russes, mais il l'avait mal vécue et compensait par l'humour une façon d'être désespéré. Il était beau, il pouvait être brillant quand il s'en donnait la peine au lieu de penser « à quoi bon ? » ; les épreuves de sa vie avaient accentué son cynisme naturel. Je me souviens d'un dîner où il avala six asperges par la queue parce qu'une jeune figurante, assise à notre table, ne savait manifestement pas comment se débrouiller des siennes. Elle suivit l'exemple... Cette moquerie était honteuse. Mais il était le genre d'hommes capables de faire asseoir un aveugle dans un square sur un banc fraîchement peint.

Je crois qu'il tenait à moi. Il me faisait un cadeau tous les dimanches. Un jour, ce fut un chiot qu'il était allé chercher tout exprès en Italie où se trouvait le meilleur élevage de boxers. Un bébé chien irrésistible qui allait devenir grand et fort, sans cesser de se conduire comme s'il était resté petit. Il s'appelait Tchik. Nous lui étions tous les deux très attachés, tant il était intelligent, beau et tendre. Le jour où nous nous sommes séparés, nous l'avons laissé libre de suivre celui qu'il voulait. Mais cette séparation l'affolait, il courait de l'un à l'autre... Pour finir, Tchik est resté avec moi. Mais il ne s'est pas consolé d'avoir perdu son maître, et s'est suicidé en se laissant mourir de faim. J'en ai eu plus de chagrin qu'on ne devrait en avoir à propos d'un chien. Mais je l'aimais, voilà, je l'aimais.

Que dire encore de mon mari ? Il possédait le sens russe de la fête quand occasion il y avait. Il était le charme même ; un bon échantillon du fameux charme slave dans lequel il entre tant de tristesse. Il parlait toutes les langues. Mais ce n'était pas exactement un compagnon tonique, capable qu'il était de passer sa journée à relire Dostoïevski en russe.

Tout ceci pour dire que je n'étais pas dans les meilleures dispositions psychologiques possibles pour me consacrer à un magazine féminin tendance *France-Soir.* La chance, toujours elle, a voulu que j'aie à le faire avec Hélène Lazareff, c'est-à-dire avec la personne la plus fermée qui fût aux angoisses métaphysiques. Elle n'avait pas connu la guerre, qu'elle avait passée aux États-Unis ; elle ne se posait aucune question sur le sens de la vie, mais seulement sur la façon de la passer le plus agréablement possible, et elle se sentait sincèrement chargée de mission en ce qui concernait les femmes.

Quelle mission ? Les rendre aussi belles, aussi séduisantes, aussi attractives que possible pour séduire les hommes et se les attacher, fonction essentielle de toute femme, selon elle.

C'est donc à cela qu'*Elle* s'est employé avec jubilation. Et ma part de frivolité s'est engagée vaillamment sur ces rails. Et cela m'a fait sans aucun doute le plus grand bien. Tout de même, incorrigible, j'ai trouvé le moyen d'y glisser un combat : celui d'un féminisme discret mais précis dans lequel Hélène me laissa toute latitude, bien que rien ne lui fût plus étranger.

Tout cela fut fécond puisque, après des débuts difficiles, *Elle* connut une bonne expansion. J'y ai tout appris de ce que je sais de mon métier, sauf écrire. Cela ne s'apprend pas. Mais le reste : la technique, le maniement des photos, le rythme d'un journal, sa respiration, je le dois à ces joyeuses années passées à côté d'Hélène Lazareff, qui était orfèvre.

Une petite fille m'était née, exquise.

La vie quotidienne dans le sillage des Lazareff était une fête. Ils recevaient beaucoup dans leur maison de Villennes, à la bonne franquette. Plus tard, ce fut à Louveciennes, et les maîtres d'hôtel se multiplièrent sans parvenir à donner à ces déjeuners un air d'apparat. La « russité » d'Hélène, son désordre naturel l'emportaient toujours sur la sophistication.

Planait sur ces déjeuners quelque chose d'éphémère, de provisoire, comme si, une fois les invités égaillés, des huissiers allaient venir saisir les meubles. Directeur d'un grand journal, Pierre Lazareff n'avait jamais l'air installé, où qu'il fût, mais en transit.

Il recevait la cour et la ville, personnel politique changeant au fil des régimes, écrivains, artistes, jolies femmes pour la décoration, chiens perdus aussi – bon comme il était, il en recueillait toujours au milieu de ses têtes d'affiche. L'émulsion se faisait bien. C'était très gai.

J'eus l'occasion de voir là à plusieurs reprises un homme que j'avais rencontré d'autre part et qui me fit impression. Beau, avec l'air d'être dessiné à l'encre de Chine sur du papier blanc, vêtu de mauvais costumes mal coupés, sa conversation était éblouissante, révélant en quelques phrases un esprit à la fois analytique et synthétique. Sa culture historique semblait sans fond. Ce qu'il laissait paraître de son ambition était exigeant. C'était un oiseau de feu. C'était François Mitterrand dans ses trente ans.

Un jour, après le déjeuner, il s'en fut dans la maison voisine, celle de Marcel Bleustein, disputer un match de tennis avec un autre politique de l'époque, Félix Gaillard, également jeune et brillant. Gaillard était meilleur au tennis. Mais Mitterrand avait décidé de le battre et sa rage, son acharnement l'emportèrent. J'ai pensé à part moi que ses adversaires, sur quelque terrain que ce soit, auraient bien du mal avec lui dans la vie.

Je l'ai revu souvent. Il était beaucoup moins charmeur qu'il ne le fut plus tard. Il y avait même chez lui quelque chose d'opaque qui retenait de lui faire spontanément confiance. Je crois qu'il s'agissait, en fait, d'une grande timidité qui ne l'a jamais complètement quitté. À la fin de sa vie, il racontait qu'il tremblait avant de prendre la parole en public. Et chacun a pu remarquer que ses tout premiers mots étaient toujours mal assurés. Cette timidité lui faisait comme une carapace derrière laquelle il se protégeait. Quant à sa capacité exaspérante d'être en retard, elle avait un caractère quasi pathologique. Tout se passait comme s'il se disait : « On doit m'aimer assez pour m'attendre... » Une sorte de perpétuelle réassurance.

En même temps, il pouvait être d'une audace inouïe. Il en fit la preuve, plus tard, quand il se présenta contre de Gaulle, en 1965. Je le vois encore, dans les bureaux de *l'Express*, décrivant à Mendès France sa stratégie. Mendès un peu en arrière de la main, comme toujours dubitatif ; Mitterrand, ardent, sûr de lui, sentant l'odeur du feu. C'est lui qui avait raison, ce jour-là.

Est-ce que Mendès France l'aimait ? Non. Il était bluffé. Bluffé par le talent d'écrivain ; par le talent oratoire, surtout. Quand on lui disait : « Vous n'avez vraiment rien à lui envier de ce côté-là », il bougonnait : « Mais si, mais si. »

Bien avant l'épisode de 1965, Mitterrand avait connu quelques tribulations. En 1954, il est ministre de l'Intérieur de Mendès France au moment de l'affaire dite « des fuites », où il est accusé de transmettre le compte rendu des réunions du Conseil supérieur de la Défense nationale aux communistes. C'est une affaire montée de toutes pièces par une coterie de policiers de droite. Mais elle va faire mal. D'abord, Mendès France se garde d'en parler à son ministre avant d'en avoir le cœur net. Et Mitterrand ne lui pardonnera jamais cette défiance, quoi qu'il en ait dit plus tard. Et puis, il doit se battre, se défendre contre ces accusations infamantes. À l'époque, il est sujet à des palpitations, des troubles cardiaques d'origine nerveuse. On craint à chaque instant de le voir s'évanouir quand il se précipite pour ouvrir une fenêtre. Pendant ces jours affreux où il reconstituait inlassablement le scénario du complot fomenté contre lui, je l'ai vu chez moi, les larmes aux yeux. (Ou bien était-ce plus tard, pendant l'affaire de l'Observatoire, ce faux attentat qu'il fut accusé d'avoir organisé lui-même ? Je ne sais plus...) Ma petite fille le regardait, stupéfaite.

Ah, ce n'était pas de tout repos, l'amitié avec Mitterrand ! Heureusement, François Mauriac était là, solide au poste, impavide pour le défendre. Plus on l'attaquait, plus il me paraissait attachant par son courage, son intrépidité. Mais tout le monde ne pensait pas comme moi. Autour de nous, on commençait à dire : « Mitterrand, il n'est pas *net*... C'est un aventurier... »

Enfin, il y eut 1958, la crise d'Alger, le retour de De Gaulle, et, pour les hommes de la génération de Mitterrand, la fin des spéculations sur l'avenir, car il ne doutait pas que le Général était là pour longtemps. Mendès France disait : « Ça finira par Sedan. » En quoi il ne se trompait qu'à moitié : ce ne fut pas Sedan, ce fut Mai 68. Mitterrand le voyait là pour quinze ans. Surtout, l'un et l'autre étaient hérissés par ce retour dans les bagages des militaires et s'attendaient à un régime autoritaire, sinon dictatorial. Mitterrand était fou de rage. Mendès France prit immédiatement ses distances avec de Gaulle, qui voulait le voir ; il refusa. Bref, le climat n'était pas à la collaboration pacifique.

Ici se situe pour moi un épisode dont je n'ai pas lieu de m'enorgueillir. Entraînée par mes deux mentors et, bien sûr, par J.-J. S.-S., j'ai cru ce qu'ils affirmaient, j'ai cru que de Gaulle serait prisonnier des militaires. J'ai manqué de jugement.

De longues années allaient maintenant s'écouler durant lesquelles *l'Express*, ancré à gauche, allait être résolument dans l'opposition, vivant de saisie en saisie, de caviardage en caviardage. Je n'étais pas la moins virulente d'une équipe où Jean Daniel et J.-J. S.-S. donnaient le « la » sur l'affaire d'Algérie. Je ne pouvais pas supporter l'idée que l'on torturât, là-bas, au nom de la France, quels que fussent les crimes commis en face. Et je l'écrivais...

Un homme que j'admirais entre tous, Jacques de Bollardière, montrait le chemin.

Ce compagnon de De Gaulle dès 1940, ce Breton catholique au visage kalmouk s'était indigné publiquement contre la torture en 1957. Il avait demandé à être relevé de son commandement par solidarité avec J.-J. S.-S., inculpé d'atteinte au moral de l'armée.

Le général de Bollardière était l'image vivante de l'honneur qui ne transige pas.

Il ne fallait pas transiger. Au risque de provoquer la saisie du journal.

Je me souviens d'un soir où j'assistais à la générale de *Tête d'or*. De Gaulle était dans la loge présidentielle. Une ouvreuse vint me prévenir qu'on me demandait au téléphone de toute urgence. Je me suis levée, j'étais assise aux premiers rangs, j'ai senti le regard de De Gaulle sur moi, surpris et choqué. Je portais un manteau rouge, d'un rouge éclatant, et dans ce manteau rouge j'ai remonté toute la salle, la honte au front, pour apprendre que le numéro de *l'Express* venait d'être saisi et qu'on avait besoin de moi sans tarder.

« Dire que je ne saurai jamais comment s'est terminée la guerre d'Algérie ! »

C'est la dernière pensée qui m'a traversé l'esprit avant d'avaler de quoi tuer un cheval. C'était un soir d'été. J'avais décidé, ce jour-là, de me suicider. Peu importent les circonstances. On se suicide toujours pour les mêmes raisons. On n'en peut plus de vivre, c'est trop dur, trop lourd, on est enfermé dans une situation dont on ne voit pas l'issue, confronté avec une représentation de soi qui est insoutenable.

C'était mon cas. Le désamour d'un homme m'avait cassée. Sous le choc que j'avais reçu, je me suis accordé trente jours pour dominer le désordre de mon esprit qui me dégoûtait de moi-même. Je savais depuis longtemps que, hors la douleur physique, tout est imaginaire. Mais je n'en étais pas plus avancée.

Un, deux, trois, quatre, cinq, six... Les trente jours se sont écoulés sans que je parvienne à me reprendre. Alors je suis passée à l'acte.

Être rejeté, c'est une chose qui arrive à tout le monde une fois ou l'autre, mais quand elle réactive des blessures reçues dans l'enfance, elle peut devenir meurtrière. On peut se détester jusqu'à un certain point ; au-delà, on craque. Toute la violence que j'avais accumulée depuis l'enfance s'est retournée comme un boomerang.

J'ai été arrachée *in extremis* à la mort par Arthur, puis obstinée à récidiver, sauvée par l'amitié active de Jacques Lacan qui m'a tenu la tête hors de l'eau pendant plus de trois ans. Trois années au cours desquelles j'ai oublié ce qu'était le bonheur de vivre, un long sentier de ronces et d'épines, à la recherche de ma vérité, avec, à la fin, cette renaissance qui couronne une analyse menée à bien. Une personne nouvelle émerge de l'épreuve, fragile encore, couturée de cicatrices, mais réconciliée avec elle-même.

Que ce soit avec succès ou pas, se suicider est un geste hors du commun. Celui ou celle qui décide de se donner la mort est toujours sincère, même si c'est sa façon d'appeler au secours. Le suicide de comédie existe, il est rare et négligeable. Il y a dans la souffrance du candidat au suicide quelque chose de proprement intolérable, d'assez puissant pour l'emporter sur l'instinct de conservation.

Y faut-il du courage ? Hemingway, Montherlant ont-ils eu du courage en abrégeant leurs jours ? Sans doute. Le courage de fuir un avenir de déchéance dont ils ne voulaient pas. C'est la forme héroïque du suicide. Mais leur geste ne se distingue pas fondamentalement de celui de l'homme embourbé dans une situation financière sans issue et qui se tire une balle dans la tête. Il s'agit toujours de s'échapper.

Une chose est de flirter avec l'idée de la mort dans une période difficile – à qui n'est-ce pas arrivé ? –, une autre de passer à l'acte, de se rayer soi-même du monde des vivants, de ses propres mains. Cet acte, peut-être faut-il l'avoir commis pour en apprécier tout le poids de douleur.

Il m'a laissé un remords : le choc que j'ai donné à mes enfants, mon fils pétrifié, ma fille muette, et à Douce, bouleversée. Mais ce que j'ai appris là d'une certaine souffrance, conjugué avec l'analyse, est une expérience ineffaçable qui m'a, je crois, rendue meilleure, moins dure aux autres et accessoirement à moi-même. Plus humble. À mes propres yeux, je me suis démasquée.

Par chance, cette cure s'est déroulée sans que ma capacité de travail en ait été affectée. La nuit, je pleurais ; le jour, je faisais bonne figure. Et puis, lentement, le goût de vivre m'est revenu, timide et frais comme un matin de printemps.

J'étais guérie de moi-même.

Au journal, la vie était devenue dangereuse. Des attentats nous menaçaient. L'un d'eux avait fait une blessée grave à *l'Observateur*. Les portes furent verrouillées. Il fallait, pour entrer, montrer patte blanche. Des gardes du corps nous protégeaient.

L'OAS se déchaînait dans Paris lorsque mon appartement fut plastiqué, détruit de fond en comble, la cage d'escalier arrachée. Par miracle, ma fille était absente ce jour-là.

Enfin, un jour, ce fut la paix.

C'est le moment où *l'Express* perdit la collaboration de Jean Cau qui, brusquement, tourna casaque au sujet de l'Algérie. Un personnage énigmatique s'il en fut, bourré de talent, mais aussi de complexes en tous genres. Nous l'avions bien traité, pourtant, avec beaucoup de considération, depuis que Sartre nous avait demandé de l'engager, mais il était devenu haineux. C'est son histoire.

Vint 1965 et l'élection présidentielle dont j'ai parlé, où François Mitterrand fit preuve d'un authentique génie politique en réunissant, envers et contre tous, les forces de gauche, et en mettant ainsi le général de Gaulle en ballottage.

Le jeune homme de Villennes avait fait un fameux chemin. Il était devenu un quinquagénaire un peu épais, moins beau, mais toujours intense, séduisant encore les femmes derrière lesquelles il courait inlassablement. Il continuait à vivre les yeux fixés sur son étoile polaire : le pouvoir.

Je l'ai moins vu pendant cette période. À *l'Express*, nous étions absorbés par la transformation du journal en magazine. Avec un discernement remarquable, J.-J. S.-S. avait compris que *l'Express*, organe de combat, n'était plus adéquat à une situation politique apaisée où l'économie allait jouer le premier rôle. Tout fut donc changé dans la physionomie du journal et, pour une part, dans son contenu. Et je me suis retrouvée réécrivant des numéros entiers du journal pour lui imprimer le style que J.-J. S.-S. voulait obtenir. Mais les collaborateurs s'y mirent vite et je pus bientôt reprendre mon éditorial hebdomadaire.

J'ai vu cette transformation la mort dans l'âme, tout en l'approuvant. C'était une question de survie pour le journal. Mais il n'aurait plus jamais pour moi l'enivrante saveur de nos commencements.

Néanmoins, il fallait savoir regarder en avant et pas en arrière, je le répétais chaque jour, même s'il fut infiniment triste de perdre, dans ce bouleversement, la collaboration de Jean Daniel qui avait été l'un des piliers du premier *Express.* Mais Jean n'était pas fait pour supporter longtemps une tutelle, et celle de J.-J. était exigeante. Il réussit à fonder son propre journal, qui allait s'appeler *le Nouvel Observateur.* Ainsi va la vie.

Quand je me remémore ces deux périodes de mon existence, la période *Elle* et celle du premier *Express*, je n'ai, du point de vue professionnel, que des souvenirs heureux. Avec des périodes tendues, difficiles, mais où je me sentais forte et utile.

Seule une ombre puissante en a obscurci presque tous les moments : mon garçon. Ses fugues, ses renvois de l'école, du lycée, de la pension, les jambes et les bras cassés pour un oui, pour un non, pour m'obliger à le garder à la maison...

C'est lui, mon pauvre petit garçon, qui aurait eu besoin d'un ange gardien, d'un peu de chance. Au lieu de quoi, tout se liguait contre lui.

Le jour de sa première communion, j'étais à l'hôpital, opérée depuis la veille en urgence d'une sale histoire. Le chirurgien m'avait dit : « Prenez vos dispositions, vous pouvez vous réveiller morte. » J'ai survécu, mais pour l'entendre me dire d'un ton guilleret : « Vous allez être tranquille, maintenant, vous ne pourrez plus avoir d'enfant. » Tranquille ! Mutilée, oui, l'imbécile !

À peine réveillée d'une anesthésie lourde, j'étais hors d'état de mettre un pied par terre. Ce n'est que l'une des circonstances dans lesquelles Alain s'est senti, encore une fois, nié. Abandonné.

Les années passant, il était devenu de plus en plus dur. Mon mari, qui l'aimait, avait renoncé à l'amender et me reprochait ma faiblesse. Étais-je faible ? Oui, je l'étais, à la mesure de ma culpabilité. Je ne supportais pas ce malheur obscur dont je le voyais prisonnier, parce que je sentais que j'en étais la cause première.

En fait, même beaucoup plus tard, devenu un jeune homme plutôt brillant, aimé des femmes, il ne m'a jamais pardonné. Et toute une face de ma vie en a été durablement assombrie.

L'autre face, en revanche, était satisfaisante, même si je ne cessais de courir derrière un sou pour faire un franc. Mes rapports avec l'argent n'ont jamais été sains. Il m'ennuie. Je ne veux pas savoir qu'il existe. Il me file entre les doigts. Je sais en gagner, je sais en donner, je ne sais pas l'épargner, moins encore calculer... Ainsi vont ceux qui, dans leur enfance, ont été privés. Ils deviennent avares ou prodigues, jamais raisonnables. Là aussi, il a fallu rien de moins qu'une analyse pour me mettre un peu de plomb dans la tête.

Donc, toujours en manque, j'avais accumulé, dans ma période *Elle*, des travaux annexes pour arrondir les fins de mois, comme on dit. Cependant, j'étais bien payée. Vint le moment fatal où, après sept ans d'intime collaboration, je dis à Hélène que j'allais la quitter. Ce fut épouvantable. Non qu'elle ne pût se passer de moi, la question n'était pas là. Je lui appartenais. J'étais une pièce majeure de son univers affectif. En la quittant, je lui infligeais une blessure d'amour. Et pourquoi me conduisais-je de cette façon indigne ? Pour aller faire un autre journal : le comble !

Elle souffrait. Elle souffrait vraiment, et cela me désolait. Elle a tout essayé pour me dissuader. Elle a été voir ma mère pour lui faire valoir mon imprudence : quitter un puissant groupe de presse pour tenter une aventure plus qu'aléatoire ! Elle a été méchante, perfide, cruelle, séductrice, et, pour finir, impuissante.

J'avais rencontré J.-J. S.-S. et nous avions décidé de fonder ensemble un nouveau journal. Celui-ci était encore dans les limbes, mais nous savions ce qu'il devait être : un organe de combat destiné à porter au pouvoir Pierre Mendès France.

Le beau est qu'il ait vu le jour après des péripéties que l'on aurait pu croire décourageantes, mais nous étions amoureux, et cela donne des ailes.

Les débuts de *l'Express* ne se firent pas dans le luxe. Trois pièces, dont l'une de trois mètres carrés que je partageais avec J.-J., une mince poignée de collaborateurs dont la plupart n'avait pas l'expérience de la presse. Mais il est bon qu'à leur naissance les journaux soient maigres. Ils n'en sont que plus vifs.

Le premier numéro de *l'Express* sortit en mai 1953 sur douze pages d'un format alors inusité, le demi-quotidien. À l'exception d'une page consacrée à un entretien avec Mendès France, le contenu de ce numéro devait tout ou presque à J.-J., le contenant à mes idées fixes sur la typographie, la mise en page, le style du journal dont j'avais rêvé. Élégance et austérité. Austérité excessive, d'ailleurs, plus tard adoucie...

Quelle histoire ! Au début, il n'affichait aucune signature, pour avoir toute licence de réécrire des textes commis généralement par de hauts fonctionnaires, brillants mais parfois obscurs. Nous voulions de l'information, de la concision, du rythme, de la mise en scène, du journalisme, quoi !

Alors il m'est arrivé de réécrire des numéros entiers. Je travaillais dix heures pour jour et jusqu'à trois heures du matin, les soirs de bouclage. C'était pure folie. Aujourd'hui, quand j'aperçois mon visage dans la glace, je me dis : « Quatre sur cinq de ces rides, je les dois à *l'Express.* Mais il y avait, chaque semaine, la récompense... »

Le premier « coup » de *l'Express* fut la publication du rapport secret Ély/Salan – deux généraux – sur l'Indochine où la guerre se poursuivait. Le journal fut saisi. Sensation mondiale. C'était la première fois qu'un journal était saisi sous la République.

Perquisition au siège. Soudain, je me souviens que, dans un dossier, figure une lettre compromettante pour Salan. Que faire ? Je prends le dossier, j'arbore mon air le plus candide et demande à l'inspecteur qui fouille partout : « Puis-je garder ce dossier, monsieur ? J'en ai besoin pour mon travail. » Il me prend pour une secrétaire, regarde à peine et dit : « Bien sûr, mademoiselle... » Je m'éloigne tranquillement et hop ! j'avale la lettre compromettante. Ce fut un bon moment.

Le retentissement de la saisie sur la notoriété du journal fut immédiat. La vente monta en flèche.

L'Express était sorti de sa période « bricolage » et disposait déjà d'une équipe, étroite mais bonne, de journalistes confirmés – dont François Mauriac, bien sûr, précieux entre tous – quand il connut ses grandes heures, pendant la guerre d'Algérie. Pour lui infliger un coup qu'il espérait mortel, le ministre de la Défense, Maurice Bourgès-Maunoury, avait imaginé de faire rappeler J.-J. S.-S. en Algérie. C'était bien vu. Qu'allais-je devenir sans lui en cette période si périlleuse ? Pour moi, à l'époque, la politique était comme une langue étrangère : je la comprenais, mais ne savais pas la parler. *A fortiori* l'écrire. Peut-être en serais-je encore là aujourd'hui sans la pression des circonstances. Quand il me fallut rédiger un éditorial politique signé *l'Express*, pour affirmer mon rôle de directrice, je l'ai écrit au prix d'un effort déchirant. Mendès France m'a dit : « C'est bien... », et mon inhibition s'est dissipée.

Je dois dire que, contrairement à ce qui se passe généralement dans les collectivités humaines où, quand le chat n'est pas là, les souris peuvent danser en tirant à hue et à dia, la collectivité *Express* n'essaya jamais de me mettre en position difficile pendant cette période, au contraire. François Mauriac le premier. Non qu'il eût pour moi beaucoup d'affection. En règle générale, il n'aimait pas les femmes, ces péronnelles, mais il pensait que je savais mon métier. Quant à moi, je l'admirais. Cette façon qu'il avait de manipuler spontanément un mélange détonant, le cri et le murmure, la colère et le soupir, l'actualité qui brûle et l'éternel qui apaise, le chuchotement et l'apostrophe, le mendésisme ardent et le gaullisme effusif, cette virtuosité m'éblouissait.

Le secret de Mauriac, c'est qu'il n'a jamais tenu le journalisme pour un genre mineur. Quand il l'aborda, pour des raisons alimentaires, ce ne fut pas comme un enfant bâtard de la littérature et de la nécessité, mais comme un mode d'expression qui a ses lois propres : tension, concision, distance, consonance évidente ou subtile avec l'air du temps... N'est pas journaliste qui, sollicité par tel ou tel événement, délivre une encyclique une ou deux fois l'an. Il a lui-même écrit : « Je décidai que je serais tout entier dans le moindre article comme Picasso dans un seul de ses dessins. » Il avait trouvé comment on peut le mieux parler des autres : à travers soi.

Tout est dans le prisme. Ne laissant à personne le soin de découvrir qu'il était son sujet de prédilection, il dit et répète dans son *Bloc-Notes* : « Mort : la seule de mes aventures que je ne commenterai pas. »

Attaché au succès (« Je ne suis pas fait pour l'insuccès »), il en recevait, grâce à *l'Express*, sa dose hebdomadaire qui le tenait jubilant, aiguisé comme une lame. Ce fut au prix de haines qui lui inspirèrent ce mot admirable : « Je n'avais pas d'ennemi quand les autres m'étaient indifférents. »

De surcroît, il était charmant. Gourmand comme une chatte, drôle, ses bons mots tombant en cascade, cruel, bien sûr, et alors il portait la main à sa bouche comme pour se faire taire. Une soirée avec lui était un régal.

On imagine combien il nous était précieux et combien je tenais à ce qu'en l'absence de J.-J., il ne se sentît pas orphelin. Mais il eut la délicatesse de lui écrire : « Soyez sans inquiétude... Notre petite patronne se débrouille très bien. »

Souvent, je consultais Mendès France. Il était toujours affectueux et attentif à mes préoccupations. Mais il n'était pas journaliste, et c'est un journal qu'il fallait faire chaque semaine. Quand il devint évident que la situation financière de *l'Express* devenait critique, je m'interrogeai : chercher de l'argent ? De cela j'étais incapable. Autre solution : augmenter le prix du journal. Ce n'était pas sans risque. Je l'ai pris, mais en assortissant chaque numéro d'un fort document en supplément. Les dieux furent avec moi, ou plutôt les événements : l'expédition de Suez, l'insurrection de Budapest nous fournirent des textes de premier ordre, en particulier celui de Sartre. Et l'opération « augmentation du prix » fut réussie. Pour tout dire, j'avais eu chaud.

J.-J. me demanda de venir le voir en Algérie. Il était basé du côté de Rivet où l'on annonçait chaque jour une nouvelle embuscade meurtrière pour les Français. Un taxi me déposa à l'église où il m'avait donné rendez-vous. Il s'agissait que l'on me vît le moins possible. Son capitaine, Léon Delbecque, qui allait se tailler plus tard une petite célébrité, n'appréciait pas ma visite.

J.-J. m'a emmenée près d'une sorte d'hôpital – ou bien était-ce une caserne, je ne sais plus –, m'a poussée sous le coche d'une porte, m'a mis un revolver entre les mains et m'a dit : « Attendez-moi... Si quelque chose bouge, tirez... » Enfin il est revenu et m'a entraînée dans sa chambre où je suis entrée furtivement pour échapper à la vigilance du capitaine. Là, nous avons dormi, revolver à la main. Drôle de nuit d'amour...

Mais ce voyage éclair nous réconforta tous les deux. J'ai regagné Paris plus forte, plus résolue que jamais à tenir *l'Express* la tête hors de l'eau et à remettre à J.-J., quand il rentrerait, un journal bien portant. Il ne doutait pas de moi, et c'était le meilleur des stimulants.

Un homme m'aida, en ces jours difficiles, de son amitié : ce fut Jean Riboud. Peu ou pas connu du public, c'était un grand patron d'industrie lié à J.-J. et très proche de Mendès France, qu'il vénérait. Plus tard, il reporta cette vénération sur François Mitterrand.

Ce grand bourgeois lyonnais était un personnage hors du commun. Résistant à vingt ans, il était revenu de déportation avec les poumons troués, plus ancré que jamais dans ses convictions politiques. Il épousa une femme indienne de haute caste. Puis il fit une carrière fulgurante dans l'industrie.

Mais sa passion était ailleurs. Il aimait l'art, et le meilleur ; les artistes, et les meilleurs. Combien sont ceux qu'il a soutenus : Rossellini, Henri Michaux, Max Ernst, Henri Langlois... Si bien que, lorsqu'il fallut, au milieu des années 70, choisir le premier président du Centre Pompidou, je lui ai proposé le poste, avec l'accord de Giscard. Il en mourait d'envie, mais, chez lui, le bourgeois lyonnais l'a emporté : il a refusé.

Il m'était très cher depuis cette période où, J.-J. en Algérie, j'avais éprouvé la solidité et la délicatesse de son appui. Pas un jour sans un coup de téléphone, pas une semaine sans qu'il s'assurât que tout allait bien sur tous les fronts.

Plus tard, déjeunant un jour avec lui à la campagne, tandis que nous marchions dans un grand pré, je lui ai dit : « Je n'en peux plus. Je vais me tuer. » J'ai aimé qu'il ne trouve rien à me répondre. Il n'y avait pas de place entre nous pour des banalités.

Beaucoup plus tard, Jean Riboud a été dans l'ombre l'un des conseillers de François Mitterrand. Il souhaitait passionnément son succès, mais il n'aura pas eu la douleur de voir Tapie camper à l'Élysée. Il est mort d'un cancer, dans des souffrances atroces. Jean Riboud est l'homme le plus attachant que j'aie rencontré.

Il faut dire que, si puissant qu'il ait été chez Schlumberger dont il était le patron, il n'en était pas le maître. L'actionnariat n'était pas entre ses mains. C'est peut-être pour cela que le pouvoir de l'argent ne l'a pas corrompu.

On aura compris que je n'aime pas les hommes d'argent. Surtout, je n'aime pas ce qu'ils font des autres. Des carpettes. Pire : des carpettes consentantes.

Parmi d'autres exemples, j'ai le souvenir de Pierre Lazareff à plat ventre devant Marcel Boussac dont il n'attendait rien, cependant, mais dont la fortune le fascinait littéralement, comme elle fascinait d'ailleurs tout le monde... Le riche, le vrai riche corrompt, c'est un fait. Il n'y a rien à en espérer, sinon qu'il parte en emportant votre paquet de cigarettes, mais peu importe. Il subjugue. Ceux qui l'approchent sont médusés jusqu'à en perdre toute dignité.

Ce jour-là, il fut question, à table, d'une maison de couture que Boussac voulait financer, après Dior. Je fis remarquer qu'à mon sens, il se fourvoyait. Ah ! que n'avais-je pas dit là ! Lazareff devint géranium ; Boussac me répondit vertement ; les autres convives avaient plongé le nez dans leur assiette.

Plus tard, Lazareff me dit : « Mais qu'est-ce qui vous a pris ? Vous n'avez pas compris que vous alliez le contrarier ? Il est furieux contre vous, maintenant ! On ne lui parle pas comme ça ! » Je dus promettre de ne pas recommencer si l'on m'invitait encore à déjeuner avec un milliardaire.

Petite satisfaction : l'avenir a ratifié mon pronostic ; sa deuxième maison de couture a échoué.

Enfin J.-J. rentra d'Algérie et notre attelage se reforma sans accroc.

Souvent, on me demande : « Mais comment avez-vous fait pour travailler ensemble si longtemps lorsque votre vie privée s'est disloquée ? » Je ne sais pas. C'étaient deux choses différentes. Notre rupture, après dix ans, m'a fracassée. L'analyse qui s'ensuivit m'a profondément modifiée. Cependant, quelque chose de souterrain est resté vivant. Une entente, une complicité, un respect réciproque, le goût de faire ensemble... Si bien qu'après quelques mois d'intermède et en dépit des conseils pressants que nous avions reçus l'un et l'autre, nous avons renoué notre collaboration. Elle fut harmonieuse. J.-J. menait sa vie politique, tumultueuse. Je gardais la maison.

La crise de 58 nous secoua sérieusement, cabrés comme nous l'étions contre les militaires. Les événements d'Alger étaient pour le moins préoccupants, le putsch vraisemblable. Michel

Debré avait appelé à s'y opposer « à pied ou en voiture », la ville était en effervescence...

Pendant ces jours d'angoisse et d'incertitude, le téléphone sonna un soir chez moi, à minuit. C'était Lucien Rachet, gaulliste notoire, qui me prévenait : « Les parachutistes vont débarquer cette nuit. Ne restez pas chez vous. Vous êtes sur la liste de ceux qui vont être immédiatement arrêtés. Attention : votre ligne est sur écoutes. »

Que faire ?

J'ai glissé une arme dans mon blouson et je suis partie coucher chez Douce. Le lendemain, pas de parachutistes. C'était une opération d'intoxication menée par les gaullistes pour forcer le ralliement au Général.

Il eut lieu, mais pas dans nos rangs où la méfiance était extrême. À la fameuse conférence de presse au cours de laquelle il déclara : « Ce n'est pas à soixante-sept ans qu'on devient dictateur », seul François Mauriac parut ébranlé. J'étais assise à côté de lui, je le sentis troublé. Il l'était. Ce fut l'amorce de la fêlure qui allait finir par le séparer de *l'Express*.

Dix ans plus tard, de Gaulle allait être mis en difficulté par les émeutiers de Mai 68...

Ce fut un fameux tour de force de faire alors un journal. Il n'y avait plus ni imprimeries ni services de distribution. Renoncer à paraître ? Jamais ! Un journal ne doit jamais renoncer à paraître. On parvint à faire imprimer en Belgique. Et nous nous sommes retrouvés à quelques-uns dans la rue pour le vendre nous-mêmes sous une pluie battante. Je me souviens aussi, détail frivole, que j'avais mis pour cet exercice un pantalon et qu'arrivant à un déjeuner dans cet appareil, je me suis confondue en excuses. Une femme en pantalon, dans Paris, en 1968, c'était encore une incongruité !

La rédaction était sens dessus dessous, agitée par une Pasionaria qui voulait y faire la révolution. Claude Imbert, dont le tempérament est modéré, était horrifié par les titres de « une » qu'inventait J.-J. S.-S. Mais, pour finir, la maison fut moins secouée que d'autres, et le travail reprit normalement.

Ce grand ébranlement de Mai 68, j'ai le sentiment de l'avoir ressenti jusque dans mes os. Non son aspect politique, menaçant et confus, que je ne déchiffrais pas mieux qu'une autre, mais son aspect libertaire.

Casser l'autorité, briser les dominations, respirer, ah ! comment ne pas sentir quel puissant courant il y avait là, surtout dans le camp des femmes !

Ce fut drôle, pendant ces jours d'agitation, de voir des petites dames tranquilles brandir soudain l'étendard de la révolte. Drôle et significatif. Certaines ont alors explosé avec une violence assassine.

La révolution politique fut ratée – si ce n'est qu'elle expulsa de Gaulle pour hériter de Pompidou, ce qui n'était pas exactement l'objectif. La révolution culturelle fut, elle, d'une ampleur telle, jusque dans les vêtements, qu'on peut encore à peine, vingt à trente ans après, en mesurer totalement les effets sur les mœurs et l'ensemble de la société. Le premier étant peut-être que chacun veut désormais pouvoir « s'exprimer » et être « pris en considération », ce qui n'est pas rien.

Ici et là, l'autorité se remit rapidement en place, mais avec du plomb dans l'aile. Quelque chose de profond avait bougé dans les rapports entre dominants et dominés.

Pendant cette période agitée, j'avais eu l'occasion d'aller interroger Herbert Marcuse. Ce philosophe marxiste à peu près ignoré jusque là, sinon d'un petit nombre, avait connu soudain une notoriété inouïe parmi les étudiants. Il professait que le développement technique et économique des sociétés industrielles était coupable de réduire l'individu, d'annihiler en lui les ferments de la révolte.

Il se trouvait dans le Midi. C'est là que j'allai le voir en compagnie d'un photographe. Il commença par nous engueuler. Qu'avions-nous besoin de deux voitures... ? Voilà bien le gâchis du prétendu développement...

Il commençait à répondre à mes questions quand sa femme surgit. Une harpie. Lui coupant la parole, ridiculisant mes questions, prétendant détenir la pensée du maître... Lequel restait coi, complètement dominé... Je pensai à part moi : « Le pauvre homme ! », et comme je n'avais rien à faire d'une interview de Mme Marcuse, j'abrégeai.

Pour autant que je sache, la notoriété de Marcuse s'est évanouie comme elle était née. Il ne méritait ni cet excès d'honneur ni cette indignité.

La sortie de De Gaulle m'avait éblouie.

Comme tous les Français de ma génération ou presque, j'ai entretenu avec le Général une relation intense depuis ces jours où, du fond d'une cellule de Fresnes, je hurlais « Vive de Gaulle ! », au mépris des gardiens, et le cri roulait à travers la prison. Mes compagnes de captivité et moi lui avions donné notre foi. C'était le symbole de notre insoumission au funeste destin du pays. Un héros au nom magique.

La paix revenue, de Gaulle est sorti à mes yeux de la mythologie. L'homme de pouvoir s'est substitué au héros, comme la silhouette de l'éléphant à celle de l'échalas. Il faisait, comme tout le monde, de la politique. La magie, c'était fini.

Sans doute le héros et l'homme de pouvoir étaient-ils indissociables, puisqu'ils procédaient de la même ambition. Mais il y avait, chez le premier, de la folie, une folie souveraine. Une façon inouïe de dire : « J'incarne la France et elle est debout, puisque je suis debout ». Chez le second, le pragmatisme, la ruse, le verbe. On pouvait admirer l'usage qu'il en faisait, la façon dont il avait manigancé son retour en 1958, on pouvait considérer qu'il n'y avait pas façon meilleure de faire avaler l'indépendance de l'Algérie, fût-ce avec les hoquets que l'on sait, on pouvait adhérer à sa politique étrangère, mais comment ne pas enrager qu'il soit passé au large de l'Europe au moment où il eût été fécond d'en accélérer la construction ? Comment ne pas constater qu'il confia le gouvernement du pays à des Premiers ministres confits dans le conservatisme, aveugles à l'obsolescence de notre système éducatif comme de notre outil de production ? Que n'usait-il de son prestige pour ébranler au moins quelques-unes des mortelles rigidités de notre société ! Peut-être que le monde moderne lui glissait des doigts... Le génie dans l'expression, l'allure, le style ne pouvaient dissimuler tout cela.

Et puis il y eut cette sortie étonnante, magnifique... Et, de nouveau, je l'ai admiré sans réserve.

Avec son successeur, Georges Pompidou, les choses étaient en revanche plus claires. C'était un conservateur pur et simple, il n'y avait pas de malentendu. On pouvait être solidement ancré dans l'opposition.

L'homme n'était pas antipathique. Il avait de la force, il aimait la vie et, curieusement, l'art contemporain. Dans la petite salle à manger de l'Élysée, il avait fait placer sur un chevalet une petite toile du XVIIIe siècle. Un jour que je lui demandai pourquoi, il me répondit : « C'est pour rassurer. » Rassurer ceux que ses goûts en matière de peinture troublaient comme une incongruité.

Lorsque, après deux ou trois « grippes », le bruit d'une maladie plus grave commença de courir, il devint assez vite évident qu'il était atteint. Mais par quoi ? Mal mystérieux jamais identifié, tenu soigneusement secret, et d'ailleurs nié.

Alors qu'il venait de rencontrer Nixon à Reykjavik, il réunit quelques journalistes à déjeuner. Nous bavardions en l'attendant. « De quoi parliez-vous ? » demanda-t-il en se laissant tomber dans un fauteuil. « Nous disions que Nixon va être obligé de démissionner... – C'est ça, dit Georges Pompidou, sarcastique, Nixon va démissionner et moi je vais mourir ! » Et il enchaîna...

Quelques jours plus tard, un ami, médecin renommé, me demanda un rendez-vous.

« Pompidou a une maladie rare et mortelle, me dit-il. Son état ne peut que s'aggraver. Je crois savoir qu'il n'en est pas lui-même informé. Je ne peux que m'insurger, en tant que citoyen, contre une situation qui laisse les affaires du pays entre les mains d'un grand malade soumis à des médicaments puissants. Il faut faire quelque chose.

– Que voulez-vous faire ?

– Vous connaissez tout le monde. Il faut alerter quelqu'un qui soit assez proche de lui pour lui parler.

– Mais vous savez bien qu'il y a un barrage autour de lui.

– Il faut le percer. C'est un devoir patriotique. Vous comprenez ? »

Je comprenais.

« Je peux citer votre nom ?

– Vous pouvez. »

Il me laissa troublée et perplexe. De quoi allais-je me mêler ?

Je dus prendre sur moi, comme on dit, pour demander un rendez-vous à Michel Debré. Dès mes premiers mots, il me dit :

« Je sais... C'est tragique, et nous sommes impuissants devant cette tragédie...

– Vous avez essayé de lui parler ?

– C'est impossible. Il n'a pas d'oreille pour entendre. Par respect humain, il faut se taire. »

Il paraissait ravagé, obsédé par l'image du Roi se mourant sans le savoir, entouré de fidèles muets et tenant toujours les rênes de l'État. Qui étais-je pour vouloir le tourmenter davantage ?

Je pris congé, le laissant accablé.

Deux mois plus tard, Georges Pompidou rendait l'âme dans de cruelles souffrances, sans avoir jamais su qu'il était mortellement frappé.

L'Express a duré pour moi vingt et un ans. En 1970-71, il était devenu un journal gros et gras, flanqué d'énarques, qu'il était question de mettre en Bourse, ce qui me hérissait. Je songeai même à démissionner. J'avais assuré mes arrières auprès d'un journal américain : un article par mois me donnerait de quoi vivre. Mais il fallait faire le saut ; je ne l'ai pas fait.

C'est alors qu'éclata la crise, manigancée de longue date, qui tendait à exproprier moralement J.-J. S.-S. de son journal. Les auteurs du complot étaient des serpents qu'il réchauffait depuis des années dans son sein avec une absence de psychologie manifeste. Des hommes de son âge que ses succès exaspéraient, que ses générosités humiliaient et qui avaient décidé de s'emparer du journal pendant qu'il caracolait en Lorraine.

Le complot échoua. Mais dix personnes quittèrent d'un coup le journal – l'ensemble de la rédaction en chef –, créant ainsi une situation périlleuse. Un journal ne s'arrête pas. J'ai fait ce que je devais, c'est-à-dire que je l'ai repris seule en mains, le temps nécessaire pour que ses cadres se reconstituent. Dur, dur...

Ces semaines auraient compté parmi les plus excitantes de ma vie si elles n'avaient coïncidé avec l'agonie et la mort de quelqu'un que j'aimais et qui, de toutes les forces qui lui restaient, m'a aidée. Il s'appelait Jacques Boetsch. Il avait été pendant trois ans rédacteur en chef adjoint du journal, mettant en particulier sur pied la section des Affaires étrangères, puis, à sa demande, il était parti aux États-Unis comme envoyé spécial permanent : il avait flairé des choses qui ne lui plaisaient pas au sein du journal... Trois mois après son installation à Washington, il apprenait que la petite douleur qu'il ressentait à la mâchoire était un cancer. Inopérable. Il avait quarante-deux ans.

Nous n'étions pas vraiment liés, du moins je le croyais. Seul signe d'affection qu'il me donnait : lorsqu'il venait dans mon bureau, il y oubliait toujours sa pipe, ou son stylo, ou ses papiers, signe qu'il avait envie d'y revenir.

Sans doute notre attachement réciproque était-il profond, mais nous ne l'aurions peut-être jamais découvert si ce cancer... Cette vie qui s'en allait... Cette peur qu'il a, jour après jour, apprivoisée, avec de grands trous noirs dont il remontait... C'est très beau, un homme qui lutte pour sa dignité, et totalement tragique. Il voulait qu'autour de lui et en lui, tout fût esthétique, y compris la mort.

À peine était-il rentré à Paris, bourré de cortisone, blême, respirant mal, sachant ses jours comptés, que la crise dont il comprit tout de suite la nature éclata à *l'Express*. Il sortit de Villejuif pour accourir au journal. Et là, tout simplement, jour après jour, il a travaillé, superbement, comme il savait le faire, toussant de plus en plus, couvert de sueur.

Il avait pris l'habitude de m'embrasser le matin en arrivant. Personne ne pouvait avoir envie d'embrasser cet homme malade, et je savais qu'il le faisait parce qu'il guettait le jour, l'instant où le moindre recul... C'est la seule chose que j'ai pu lui offrir : une affectueuse réponse à son étreinte, en échange de ce qu'il me donnait, lui, et qui était sans prix. À la veille d'entrer dans la nuit et le sachant, n'ayant plus à espérer ni à attendre, Jacques Boetsch, qu'au fond je connaissais peu et dont personne ne contestait qu'il fût un homme de rigueur, avait jugé que la morale était dans mon camp.

Et puis, un jour, la force lui a manqué. Alors j'ai essayé de l'aider à mourir en venant le voir tous les jours, malgré la charge de travail qui pesait sur moi. Il en était heureux, il me le disait parmi des choses graves... Et puis, ç'a été fini... Il reste pour toujours associé dans mon souvenir à cette étrange période où, cependant que d'autres trahissaient, lui m'a fait don de ses dernières forces.

Ensuite, le calme revint. Rien ne paraissait plus devoir le troubler. Si bien que je m'ennuyais un peu. *L'Express* était devenu une institution, et je suis plutôt meilleure dans les actions de commando. La routine s'y était infiltrée, je n'avais plus de dragon auquel aller couper la tête...

Je me souviens d'un déjeuner avec Georges Kiejman – en 1973, je crois – au cours duquel nous avons échangé quelques propos mélancoliques sur ce qui pouvait bien maintenant surgir d'inattendu dans notre vie... Incorrigible romantique, il disait : « Un grand amour... » Incorrigible réaliste, je disais : « Merci, j'ai déjà donné... »

Mon fils était mort, me laissant brisée. Je vivais engourdie, comme réfugiée dans une liaison tendre avec A. *L'Express* n'était plus un journal de combat à proprement parler ; j'avais encore de quoi faire mes griffes dans mon éditorial, mais pas de but, pas d'objectif nouveau à atteindre, pas de défi à relever. Oui, je m'ennuyais.

C'est Indira Gandhi qui me tira provisoirement de là. Je l'avais rencontrée à Paris, chez Jean Riboud. Elle m'invita à venir passer trois semaines en Inde. Ses services se chargeraient de l'organisation du voyage. Nous irions un peu partout. Ma fille m'accompagnerait.

J'ai beaucoup voyagé. L'Inde ne ressemble à rien. Dans ce pays qui ne distingue pas le profane du sacré, on glisse comme dans de l'eau tiède, on se laisse capturer, bientôt on n'a plus envie de rentrer. Bien sûr, il y a les beautés formelles, les temples, la majesté si troublante d'Elephanta, le tumulte monstrueux de Calcutta, l'harmonie de la campagne avec ses huttes de chanvre beige... Mais ce n'est pas cela qui vous retient en Inde. C'est quelque chose de mystérieux, pour ne pas dire de mystique, qui envoûte. Et l'on se surprend à ne pas vouloir écraser une araignée...

Les hôtels, un ou deux palaces mis à part, étaient épouvantables, mais nous allions le plus souvent de maisonnette en maisonnette, ces bungalows, reliques de la colonisation, où un serviteur vous offre un lit et des œufs brouillés. Ce fut un beau voyage qui nous mena jusqu'au golfe du Bengale.

Paris au retour me parut fade. Décidément je m'ennuyais, à peine requise par l'agitation autour de la campagne présidentielle.

Un de mes amis, haut fonctionnaire, se torturait : pour lequel fallait-il se déclarer ?

– N'hésitez pas, lui dis-je. Pour Giscard. Si Chaban passe, il vous le pardonnera. Si c'est Giscard, il ne vous pardonnera jamais d'avoir fait campagne pour Chaban.

Petites angoisses futiles. En ce qui me concernait, le choix était clair : au premier tour comme au second ce serait François Mitterrand. Je ne doutais pas que ce fût aussi le choix de J.J. En quoi je me trompais... Violemment hostile à l'Union de la gauche, c'est-à-dire aux communistes, il refusait d'y souscrire et d'engager le Parti radical, qu'il présidait alors, dans cette voie. Il y eut quelques conversations à la maison, où Mitterrand essaya de le convaincre. En vain. Et c'est ainsi que J.-J. opta pour Giscard, dont les idées réformatrices lui paraissaient saines – « Il peut être Roosevelt », disait-il – et que, entraînant le Parti radical, plus les lecteurs de *l'Express* qui lui faisaient confiance, il a probablement été responsable de l'échec de François Mitterrand en 1974, à quelques milliers de voix près.

Tout cela n'avait pas pris l'allure d'un conflit entre nous, mais enfin, jusqu'à la dernière minute, j'avais confirmé ma propre position.

Giscard était élu ? Soit. Je n'allais pas pleurer. On allait voir.

C'est alors que ce que j'eus à voir devint tout à fait surprenant.

L'expérience ministérielle, comme celle de l'accouchement, est intransmissible. J'avais fréquenté toutes sortes de ministres sans jamais en rien soupçonner, jusqu'au jour où le ministre, ce fut moi.

D'abord, le ministre est schizophrène. Il a une face publique et une face cachée. Il n'y a pas de rapport entre la représentation que l'on a de lui, de ses pouvoirs, de sa liberté d'action, et la réalité des choses où, pour la moindre de ses initiatives, il doit se débattre contre l'Administration, contre le Premier ministre, et, le cas échéant, contre le Président de la République – mais, dans ce cas-là, il est cuit. Déjà, il a intérêt à ne pas trop escagasser le Premier ministre avec ses idées, à ne pas les rendre publiques, en tout cas, cela va de soi, s'il n'a pas vérifié qu'elles sont strictement « dans la ligne ». Comme l'a déjà dit l'un d'eux, un ministre « ça ferme sa gueule ». Quand on a un peu de tempérament, il arrive que cela fasse problème.

Ensuite, le ministre travaille comme un bœuf. Et pour quoi faire ? Des inaugurations, des remises de médailles, des enterrements, il est tout le temps par monts et par vaux, et ne quitte pas son bureau avant huit heures du soir, après avoir signé cinquante parapheurs. Quelquefois, il n'a plus le courage de lire les lettres qu'on lui a préparées et c'est ainsi que des incidents arrivent.

Quand il est maire, ce qui est courant, c'est le bagne. Pendant le week-end, en guise de repos, il doit filer dans sa ville où on l'attend de pied ferme et où ses administrés veulent le voir au marché. Il n'a pas le temps de reprendre sa respiration, le revoici dans le train ou l'avion pour Paris.

Enfin, dans le peu de temps qui lui reste pour réfléchir, il cherche avec son cabinet des mesures propres à promouvoir sa physionomie et son action, c'est-à-dire des mesures populaires et sans incidence sur le budget. Le *hic* est là. Le ministre a toute latitude d'imaginer si ça ne coûte rien. L'ennui est que rien ou presque ne coûte rien. Et que tout ou presque dérange des situations acquises, des idées reçues.

À supposer que l'on trouve l'innovation géniale propre à plaire et qui ne coûte rien, il faut encore une énergie de fer pour tenter de la faire entrer dans les faits.

Tout ceci ne contribue pas au bonheur du ministre, mais, lorsque d'aventure il y parvient, alors il est heureux. Il a le sentiment d'avoir œuvré pour le bien public, et c'est une haute récompense, infiniment gratifiante, qui console de faire si peu quand on a cru sérieusement accéder « au pouvoir ».

Et puis il y a les petites satisfactions de vanité, les salons dorés, la voiture à cocarde, le préfet qui vous attend l'arme au pied, la serviette que l'on porte pour vous, le climat de déférence qui accompagne le ministre partout où il se rend, l'importance que les autres lui accordent, cette représentation qu'on lui donne de lui-même : M. le ministre par-ci, M. le ministre par-là... Supprimerait-on ce titre, on supprimerait la moitié de la volupté d'être ministre...

Mais il y a aussi la blessure secrète. Sauf à faire partie des trois ou quatre poids lourds du gouvernement, le ministre a tôt fait de s'apercevoir qu'il n'est mis au courant de rien, hors ce qui concerne son secteur propre. De *rien*. Il peut, à l'extérieur, prendre l'air soucieux quand on l'interroge sur le dernier incident entre la France et l'Allemagne, ou sur notre politique vis-à-vis de la Corse.

Que va faire le gouvernement, M. le ministre ?...

M. le ministre n'en sait fichtre rien.

Déjà Malraux, qui n'était pas n'importe qui, s'agaçait de cette ignorance où il était des « affaires »...

Qu'est-ce donc qui avait pu inciter Valéry Giscard d'Estaing à venir me chercher à *l'Express* pour faire de moi un membre du gouvernement ?

Une intuition : il était l'un des très rares politiques, pour ne pas dire le seul à avoir compris quelque chose à la révolution des femmes, ce mouvement spontané qui, depuis Mai 68, rampait, grondait, s'exprimait parfois jusque dans la rue comme une immense revendication du droit à l'affirmation de soi. Le droit à l'avortement en était le drapeau.

Avec son intelligence lumineuse, Giscard avait saisi que ce mouvement n'était pas un remous à la surface des choses, simple séquelle de Mai 68, mais une lame de fond. Il s'agissait de la canaliser et de mettre en œuvre, s'agissant des femmes, l'esprit de réforme qu'il entendait insuffler à l'ensemble de la société française.

C'est alors qu'il eut l'audace de confier à une femme, Simone Veil, la tâche de faire voter par le Parlement le droit à l'IVG, malgré la réticence manifeste de ses ministres et en particulier du premier d'entre eux, Jacques Chirac.

C'est alors qu'il créa le secrétariat d'État à la Condition féminine, chargé de proposer et de mettre en chantier les réformes souhaitables. Il lui fallait une femme pour en assumer la charge. Le sort tomba sur moi.

Choix provocant pour sa majorité. J'étais plutôt marquée à gauche, j'avais ouvertement voté en 1974 pour François Mitterrand. Jacques Chirac faillit s'en étrangler et fit de son mieux pour que le projet avorte. Il me proposa une « délégation ». J'ai jugé cela injurieux pour les femmes et j'ai refusé. V.G.E. a tenu bon. Et c'est ainsi que je me suis retrouvée, rue de Varennes, dans le superbe hôtel de Castries, à la tête d'un ministère qui n'existait pas. Il ne restait qu'à l'inventer.

Ce fut un moment bien intéressant dans ma vie. D'abord apprendre. Apprendre comment fonctionne l'État, ce qui est aussi compliqué que la Cité interdite en Chine. Apprendre le vocabulaire, le code de conduite, toutes ces subtilités... Apprendre.

Ma chance voulut qu'un de mes bons amis, Yves Sabouret, anciennement directeur de cabinet du précédent Premier ministre, eût été mis provisoirement sur la touche pour cause de chabanisme militant. Il accepta d'être mon directeur de cabinet, bien que ce fût là grandement en deçà de sa qualification, et il me prit patiemment en main.

Il forma mon cabinet – quatre femmes, un homme – et m'initia aux règles du club où j'étais entrée par effraction.

Je lui dois de n'avoir commis aucune gaffe majeure – sauf une, cependant. Un groupe de prostituées avaient fait savoir qu'elles voulaient me voir. Interrogée à la va-vite par une radio sur ma réaction, j'avais répondu que la prostitution était de la responsabilité des hommes. J'ignorais que c'était, en politique, un sujet tabou. Scandale ! Maurice Clavel m'interpella le lendemain dans un journal, disant que j'avais peut-être devant moi une carrière, mais pas un destin. Pour finir, on expédia les prostituées chez Simone Veil qui s'en débarrassa, selon la règle, par un rapport...

Je n'étais pas féministe au sens radical du terme. L'Homme n'était pas mon ennemi, son émasculation ne me paraissait pas constituer un idéal. L'idée de combattre globalement toute l'espèce masculine me paraissait, en outre, de mauvaise stratégie. Front contre front, ils étaient et resteraient les plus forts. À l'exception des misogynes congénitaux, enfermés dans leurs peurs et leurs fantasmes, il ne fallait pas combattre, il fallait convaincre, ouvrir des brèches dans le front des hommes, jeter des têtes de pont, obtenir la coopération de ceux, nombreux, qui commençaient à ouvrir les yeux sur la situation réelle des femmes dans la société.

Bref, j'étais – on me l'a assez reproché – réformiste. Persuadée de surcroît qu'un certain radicalisme ne trouverait jamais une large expression en France où les femmes s'obstinent heureusement à vouloir être jolies, désirables et en bons termes, autant que possible, avec les hommes de leur vie. Spécialité française ? Certainement. Vieille comme notre XVIIIe siècle qui, à l'inverse de ce qu'il en est en Grande-Bretagne, par exemple, a su métisser hommes et femmes et les associer dans l'œuvre de culture. Cet héritage est encore vivant. On a vu, ces dernières années, comment le durcissement radical des Américaines n'a pas pris racine en France. Rendons grâces à nos ancêtres !

Réformiste, donc, j'ai tenté de réformer d'abord ce qui pouvait l'être par la loi. Je me suis mise au travail avec ma petite équipe comme on conduit un commando.

Première action : débarrasser le Code du travail et tous les autres codes de toutes les dispositions discriminatoires à l'égard des femmes. Il y en avait d'incroyables. Ainsi leur était-il interdit de travailler dans les services météorologiques ! En fait, toutes ces dispositions relevaient du même esprit : une femme se doit d'être « à l'intérieur ».

Ensuite, établir une liste de cent mesures d'importance diverse, étalées sur cinq ans, de nature à améliorer la condition des femmes.

Parallèlement, mener une intense action de relations publiques auprès des chefs d'entreprise et du Président lui-même pour qu'ils accordent une promotion significative à quelques femmes.

Ça n'a pas mal réussi. On savait, à Paris, que le Président me soutenait. On chercha donc à lui plaire. Sans ce soutien, j'aurais été désarmée.

Le nettoyage des codes entra relativement vite dans les faits. Les « cent mesures », ce fut une autre histoire. Il s'agissait d'une grosse brochure que j'avais d'abord soumise au Président de la République, lequel m'avait dit : « C'est bien. Vous avez une politique conceptuelle. C'est ce qu'il faut. Évidemment, elle déplaît à certains milieux... » Je fus ensuite reçue par le Premier ministre. Là, surprise : il avait changé. Je n'étais plus, à ses yeux, une intellectuelle parisienne dévoyée. Depuis qu'une agricultrice de la Corrèze, je crois bien, l'avait interpellé en lui disant : « Enfin, on s'occupe des femmes au gouvernement !... », il me regardait d'un autre œil. Les accrochages qui nous avaient opposés ? « Comme dans les scènes de ménage, il y avait des torts des deux côtés. » J'en convins. Mon programme pour cinq ans ? « Excellent, si vous y arrivez. Prenez tous les gens qu'il vous faut... » La solitude où j'étais, ne sachant qui consulter devant tel ou tel problème ? « Vous n'avez qu'à prendre votre téléphone et m'appeler. »

Nous nous sommes quittés en paix.

Un an plus tard, quand il abandonna Matignon, un membre de mon cabinet s'écria, désolé : « Au moment où il nous aimait ! » Aimer est peut-être beaucoup dire. Mais enfin, les brimades avaient cessé.

Lors d'une dernière mise au point faite avec lui sur mon travail avant de le soumettre au Conseil des ministres, j'eus la surprise de l'entendre dire : « Vous connaissez ma franchise. Ce travail est remarquable. D'ailleurs, pour finir, les seules actions positives de ce gouvernement auront été pour les femmes. »

Music for my ears...

Chacune de ces cent dispositions avait été discutée avec les quinze ministres intéressés. Jacques Chirac les défendit loyalement, et même avec conviction dans la plupart des cas.

Quel homme est-ce ? Je ne sais pas. Quelqu'un qui a un bon fond, comme on dit. Ce qu'il avait d'inquiétant à l'époque où je l'ai fréquenté, c'était une certaine fragilité qui le faisait écouter le dernier qui avait parlé. D'où des virages à cent quatre-vingts degrés, qui laissaient pantois. Je l'appelais « le Ventilateur ». De surcroît, la politique de V.G.E. le rendait fou, tant il lui paraissait impossible de la faire avaler à une majorité parlementaire très courte. Au seul mot de « réforme », il devenait hystérique. Je l'ai vu de mes yeux renverser une table, au cours d'un conseil restreint, pour passer sa colère. Ambitieux ? Évidemment. On ne devient pas chef de l'État sans avoir été ambitieux ; d'autant que ça l'a pris tout petit, qu'il a été conditionné, en quelque sorte, à cette perspective. Mais, à l'époque, il était malheureux, mal à l'aise dans sa fonction, et son tempérament de « battant » qui ne trouvait pas le terrain exact où se battre le poussait à des gestes désordonnés.

C'était le temps où des influences désastreuses s'exerçaient sur lui... Aujourd'hui il a, selon la rumeur, beaucoup changé. Pourquoi pas ?

Je ne l'ai revu qu'une fois, à l'Élysée où il recevait une petite délégation venue lui parler de la Bosnie. Il était détendu, agréable, attentif. Où était mon « ventilateur » ? L'avenir dira si, en définitive, il a eu l'envergure de l'emploi.

Un jour, je vis entrer dans mon bureau un monsieur un peu gêné qui me dit : « Madame le ministre, il faut démissionner.

– Ah bon ! Démissionner de quoi ?

– Mais de la CFDT voyons ! Un membre du gouvernement ne peut pas être syndiqué !

Il n'avait pas tort mais j'en ai eu un petit pincement au cœur. Je l'aimais mon syndicat.

Un autre jour, je vis arriver avec surprise Simone Signoret. La fréquentation des ministères, ce n'était pas tellement son genre...

« Écoute, me dit-elle, je ne t'ai jamais rien demandé, mais... »

Mais c'était toujours ainsi que commençaient les solliciteurs, comme s'il était anormal que, connaissant personnellement un ministre, on ne lui demandât rien.

Néanmoins, ce n'était pas non plus son genre de solliciter. De quoi donc s'agissait-il ? D'une affaire grave. Une répression intense sévissait dans le Chili de Pinochet. Une jeune femme, compagne d'un résistant arrêté et torturé à mort, avait été elle-même arrêtée et risquait le pire.

Simone la connaissait. Elle avait décidé de la sauver et remuait le ciel et la terre, c'est-à-dire une demi-douzaine de femmes françaises et étrangères dont le nom pouvait être connu du gouvernement chilien.

« Il faut que tu télégraphies à Pinochet, me dit-elle. Que tu demandes la libération de C. Elle est en danger de mort, tu comprends, ils vont la massacrer... »

C'était évident. Comme il était évident que, membre du gouvernement français, je ne pouvais pas envoyer un tel télégramme en excipant de ma fonction sans en référer au ministre des Affaires étrangères. Comme il était évident qu'il s'y opposerait...

J'ai réfléchi. Si une telle démarche avait une chance d'être efficace, mon devoir était de la tenter... Foin donc des Affaires étrangères ! J'ai envoyé le télégramme. Quelques jours plus tard, Simone a débarqué chez moi, accompagnée d'une jeune femme au bras cassé, suite aux traitements qu'elle avait endurés. C'était ma Chilienne, miraculeusement arrachée à ses bourreaux.

Jamais je n'ai été plus heureuse d'avoir eu entre les mains ce petit bout de pouvoir, et d'en avoir usé.

Naturellement, j'ai eu droit à une réprimande du ministre des Affaires étrangères. J'ai plaidé l'inexpérience. On m'a adjuré de ne pas recommencer à télégraphier aux chefs d'État : j'ai promis. Mais le mal – ou plutôt le bien – était fait, grâce à l'impérieuse énergie de Simone Signoret.

Donc, j'en avais fini avec mon programme pour les femmes : il revenait maintenant aux ministres concernés de l'appliquer mesure par mesure, et je suggérai à V.G.E. de me libérer.

J'avais aimé mon travail, j'avais conscience de l'avoir bien mené, mais, dans l'immédiat, je ne voyais plus rien à faire d'utile à ce poste. Le charme d'un bureau aux lambris dorés où Stendhal avait écrit ne suffisait pas à me retenir. Je n'allais pas faire de la figuration au gouvernement alors que *l'Express* m'attendait.

Mais Jacques Chirac me prit de court en démissionnant. Raymond Barre le remplaça et me proposa le ministère de la Culture. Là, j'ai manqué de courage et me le suis souvent reproché. La Condition féminine était un secteur où les clivages politiques n'avaient aucun sens ; la misogynie a affaire avec la mentalité des hommes, pas avec leurs opinions. Malgré les représentations de quelques-uns de mes amis, dont Gaston Defferre, qui m'avaient vivement reproché de « travailler pour Giscard », j'avais accepté sans états d'âme d'entrer au gouvernement. L'analyse ne valait pas pour la Culture, encore que...

Bref, j'acceptai la proposition de Raymond Barre. C'était, à vrai dire, irrésistible : un vrai ministère, des services, la liberté d'action pour autant qu'un ministre en dispose, un budget... Irrésistible !

J'y suis restée trop peu pour y avoir laissé mon empreinte : moins d'un an. Il faut passer au moins deux ans dans un ministère pour pouvoir y apposer sa marque. Le temps de procéder à quelques nominations judicieuses, de faire voter une loi sur l'architecture, une loi-programme sur les musées, que m'a accordée Raymond Barre : je n'ai pas pu aller plus loin.

Mais j'ai eu le temps de me poser quelques questions sur la culture en général, ce trousseau de clefs qui vous ouvre les portes du monde, et sur sa relation avec l'État.

L'ancêtre du ministère de la Culture, le Secrétariat aux Beaux-Arts, avait été créé sous le Second empire dans une perspective purement politique. Il s'agissait de s'attacher le monde des Arts et des Lettres, turbulent par définition et toujours prêt à flirter avec l'opposition, en distribuant judicieusement rubans et prébendes. Une fois créé, le Secrétariat aux Beaux-Arts subsista et traversa les Républiques.

De Gaulle en fit un ministère et le para du prestige de Malraux sans que la question de sa fonction fût vraiment posée.

Peut-on avoir une politique de la culture ? un dessein, une vision globale de l'action qui devrait être celle de l'État ? Ce n'est pas simple.

Le ministre est quelqu'un qui dépense de l'argent, beaucoup d'argent, même s'il est pauvre. On peut dire que, globalement, toutes les activités culturelles qui ne sont pas viables économiquement, c'est-à-dire le plus grand nombre, sont financées par l'État et les communes. Pour quoi faire ?

Une enquête m'apporta des indications intéressantes sur la façon dont les Français considéraient la Culture : un bien auquel ils avaient droit comme on a droit à la couverture sociale. Sur un fond d'indifférence générale à la politique, de désapprobation massive du gouvernement, l'enquête révélait une revendication exacerbée d'appropriation individuelle de la Culture, comme d'un objet de jouissance. Ce désir d'appropriation se répandait très loin, très profond, très « bas » – entre guillemets – dans la société. On en voulait encore, et encore ! Diffuser la Culture apparaissait comme une sorte de devoir évangélique assigné à l'État.

Le ministère avait donc un grand rôle à jouer sur la scène de la Culture. Quel rôle au juste ? D'abord, celui de catalyseur des talents. Y a-t-il une conception progressiste et une conception conservatrice de ce rôle ? Sans doute. Doit-il être en harmonie avec la couleur du gouvernement ? Évidemment non. La bonne musique, la bonne architecture, l'indispensable entretien du patrimoine, le bon théâtre, le bon cinéma ne sont ni à droite, ni à gauche, ni au centre. La création la plus audacieuse, la plus onéreuse aussi des dernières années avait été conçue et imposée littéralement à des politiciens révulsés par un Président, Georges Pompidou, qui était par ailleurs un solide conservateur. Le ministre qui m'avait précédée, Michel Guy, ne se cachait pas d'être de droite et avait cependant soutenu l'action la plus en flèche dans tous les secteurs.

André Malraux m'avait fait dire : « Il faut que vous trouviez un truc. » Un truc ? Lui, avait trouvé : ce fut le blanchiment des murs de Paris. Génial ! Je n'ai malheureusement pas eu semblable inspiration. Mais, forte de ce que j'avais compris, je suis allée de l'avant sans trop me soucier des réprimandes de Giscard parce que je ne l'avais pas consulté avant de procéder à quelque nomination importante.

Je n'ai cédé que sur un point : les Légions d'honneur. On ne soupçonne pas le nombre de gens qui se jugent dignes d'avoir la Légion d'honneur, et qui trouvent appui, au gouvernement et autour, pour l'obtenir. Chaque ministre dispose d'un contingent. Deux fois par an, il doit dresser une liste de propositions. Là, parfois, j'ai été lâche...

Le soir de l'inauguration du Centre Pompidou, parlant après le Président de la République, j'eus un moment de panique. Il y avait là toute une collection de princes et de princesses, la reine Fabiola, si je me souviens bien, et Grace de Monaco. Comment fallait-il les appeler ?

Altesses ? Majestés ? Je m'en suis sortie avec un « Nobles dames et seigneurs » inconnu du protocole. Sauvée. Exceptionnellement, le Président avait parlé en consultant ses notes, ce qu'il ne faisait jamais. Pouvais-je dès lors parler sans notes ou serait-ce faire montre d'impertinence ? J'avais en poche un discours que je savais par cœur. Je feignis de le regarder deux ou trois fois, pour la forme. Et puis nous commençâmes à déambuler dans l'immense caravelle pour la visiter... Giscard avait horreur de ce qu'il voyait. Barre était partagé, il n'aimait pas le lieu, mais il aime la peinture contemporaine. Aucun n'imaginait ce soir-là qu'il y aurait bientôt vingt-cinq mille visiteurs par jour pour venir en ce lieu se frotter à la « Culture ».

De cette double expérience ministérielle, qu'ai-je retiré ? D'abord, un sentiment de gratitude pour V.G.E., même si, par la suite, j'ai rarement été en accord avec lui. Ensuite, des connaissances que je n'aurais jamais pu acquérir autrement, un œil différent sur le monde politique et ses lois, la satisfaction de n'avoir pas été inutile. Enfin, une envie frénétique de reprendre le journalisme là où je l'avais laissé, de retrouver ma liberté de parole, d'action, de critique – bref, mon indépendance.

Là, Arthur a été distrait, la chance ne fut pas au rendez-vous. Au moment où je quittais le gouvernement, J.-J. venait de vendre *l'Express* à un homme d'affaires franco-britannique, Jimmy Goldsmith, expression même de la droite militante. Souvent, j'ai pensé qu'à quinze jours près, ce ne serait pas arrivé. Je l'aurais retenu, je l'aurais empêché... Je n'ai d'ailleurs jamais compris les raisons profondes de son geste. Une folie. C'est la seule chose que je ne lui ai jamais pardonnée.

Goldsmith ne m'aimait pas. Je le lui rendais bien. Il ne souhaitait nullement que je réintègre *l'Express.* Je ne le souhaitais pas davantage. Théoriquement, je devais y écrire de temps en temps. Raymond Aron, nouvel éditorialiste du journal, s'y opposa. Je pris mes indemnités, le cœur lourd. J'avais l'impression, avec *l'Express,* d'avoir un fils qui aurait mal tourné. Cette blessure-là, il m'a fallu longtemps pour en guérir. Qu'allais-je faire de moi ?

V.G.E. me proposa la direction d'*Antenne 2*, mais on était à la veille d'élections législatives, celles de 1978, et je me doutais bien que la chaîne ne serait pas précisément indépendante. Ce fut non. Puis il me proposa une ambassade de France à l'UNESCO, un placard. Ce fut encore non.

J'avais de quoi vivre. Je pouvais attendre.

Membre du Parti radical, celui de J.-J. S.-S., je me suis trouvée automatiquement vice-présidente de l'UDF. J'ai assisté consciencieusement à toutes les réunions, à toutes les palabres, à toutes les discussions d'investitures dans un ennui profond. Ce qui aurait eu un sens si j'avais voulu briguer un siège de député n'en avait aucun dans ma disposition d'esprit.

La politique politicienne, il faut aimer. Il y a de véritables intoxiqués, des artistes aussi dans le genre... Je regardais Jean Lecanuet, président de l'UDF, manipuler tout son petit monde et je me disais : « Qu'est-ce que je fais là ? » Je me sentais comme un poisson rouge hors de son bocal. Je suis restée là quelques mois, par égards pour V.G.E., le temps qu'aient lieu les élections législatives, puis les européennes, puis je me suis sentie autorisée à démissionner. Cette fois, j'étais libre de toute attache.

Mon très cher compagnon de vie, A., qui avait supporté avec une égalité d'humeur remarquable mes pérégrinations au sein du pouvoir, commençait à s'inquiéter de me voir dolente, oisive. Lui qui savait si bien nourrir son temps libre sentait bien que ce n'était pas mon affaire. Il me dit : « Vous devriez écrire. » J'y pensais. Mais écrire quoi ?

Je lui ai montré trois lignes : *« Du lieu même où se joue la comédie du pouvoir, ministre pendant trois ans, j'en ai vécu les scènes, côtoyé les interprètes, entendu les répliques. »*

« Eh bien, me dit-il, votre livre est fait. Vous n'avez plus qu'à l'écrire. »

Ai-je dit qu'il était éditeur ? J'avais une entière confiance en son jugement. Je me mis au travail. Et ce fut *La Comédie du pouvoir.* Le livre connut aussitôt un succès considérable. Il me fâcha un temps avec V.G.E., ce qui me fit de la peine, car il lui était largement favorable. Mais c'est le principe qui l'avait choqué. Qui a eu à connaître des « Affaires » doit se taire. Il a eu, depuis, de quoi être autrement choqué !... À ce détail près, *La Comédie du pouvoir* fut une réussite.

J'allais entamer une nouvelle vie.

Écrire est une occupation bizarre qui vous mange les sangs.

Je n'ai jamais rien écrit, pas le moindre article, sans avoir le sentiment de m'arracher quelque chose de la poitrine.

Certains journalistes ou écrivains ont une facilité désarmante. Ce n'est pas mon cas, et ce n'est pas courant. Je connais plus d'écrivants torturés que d'écrivants épanouis.

Pour les articles, l'entraînement aide. La maîtrise du métier que l'on acquiert peu à peu. On prend aussi de la vitesse.

S'agissant d'un livre, c'est autre chose. On passe tout le temps de son élaboration à se dire : « Ce que je fais est mauvais. Je suis en train de me fourvoyer... D'ailleurs, ce n'est pas ce que je veux faire... » On déchire, on recommence ; on met de côté, on reprend... On est très seul.

Tout le monde n'est pas Georges Simenon qui travaillait trois heures par jour sans rature. En moyenne, on peut écrire cinq à six heures par jour, pas davantage. C'est suffisant pour être vidé, épuisé. Quand on est par trop découragé, les exemples illustres abondent de grands écrivains qui se débattaient avec les mots : Balzac, Flaubert... Et ils ne savaient pas qu'ils étaient Balzac ou Flaubert, rien ne venait vraiment les réconforter.

Oui, écrire est une activité bizarre. C'est celle où je me suis engloutie, consciente que je n'avais plus d'autre combat à mener que contre les mots.

Le premier livre avec lequel je me suis colletée, après *La Comédie du pouvoir*, fut la biographie de Marie Curie. J'en avais eu l'idée après avoir écrit sur elle un mauvais scénario qui, par chance, ne fut pas tourné. À cette occasion, j'avais découvert qu'il y avait à la Bibliothèque nationale des documents intéressants la concernant. Mais dans quoi m'étais-je embarquée ! Sans aucune formation scientifique, sans rien savoir ni de la physique, ni de la chimie... Et cependant, je voulais comprendre pour faire comprendre. On disait sans cesse à son sujet : « Elle a cherché pendant quatre ans... » Mais cherché quoi ? Qu'est-ce qu'on fait, pratiquement, quand on cherche ? Qu'est-ce que Marie Curie faisait précisément dans son petit laboratoire ?

J'ai compulsé de gros ouvrages scientifiques. Et, lentement, péniblement, j'ai compris. Il me restait à restituer clairement ce que j'avais compris ; c'était encore une autre histoire. Mais cela, je sais faire.

Tout de même, c'est en tremblant que je soumis mon manuscrit à Bertrand Goldsmith, qui avait été le dernier préparateur de Marie Curie, afin qu'il souligne mes erreurs. Victoire ! Il n'en trouva qu'une. Le roi n'était pas mon cousin. Je lui dois un jour de bonheur.

Le livre a eu un solide succès. Il continue à se vendre d'ailleurs après quinze ans ou presque. On l'a traduit dans le monde entier, même en Chine populaire. Cela m'a donné du courage pour continuer.

La vie d'Alma Mahler m'a coûté moins d'efforts. Là, c'est Henry-Louis de La Grange qui fut mon généreux lecteur et me garda de m'embrouiller les pinceaux dans les symphonies de Mahler.

Jenny Marx, ce fut une autre histoire. De quoi se noyer. Mais il existe une telle documentation sur Marx qu'il s'agissait seulement de s'y diriger. En dix ans, avec mon trio de femmes, j'avais bien travaillé.

Entre-temps, j'avais écrit un roman, *Le Bon Plaisir*, qui a fait couler beaucoup d'encre inutile. Il n'a jamais été inspiré ni de près ni de loin par la vie privée de François Mitterrand dont j'ignorais tout à l'époque, c'est-à-dire en 1981. En vérité, j'ai écrit ce livre dans des conditions très particulières. A. était déjà malade. Cancer de la gorge. Et je ne savais quoi faire pour le distraire. Alors j'ai dit : « Je vais t'écrire un livre et je t'en lirai tous les jours un chapitre, comme Schéhérazade. »

Mais il fallait que j'invente une histoire. J'avais un personnage : un chef d'État, composé à partir de ceux que j'avais connus. Il me manquait un sujet. J'appris alors qu'un ministre auquel on promettait un bel avenir avait un fils naturel dont il dissimulait soigneusement l'existence de peur de nuire à sa carrière. J'avais mon sujet.

A. en fut distrait, amusé, c'était l'objectif. M'aurait-il dit : « C'est médiocre, ne publie pas », je l'aurais écouté. Je n'avais pas écrit *Le Bon Plaisir* pour qu'il fût publié. Mais il m'encouragea, au contraire.

Voilà toute l'histoire. Malveillance et sottise ont fait le reste. On ne peut rien contre ces deux jumelles associées...

En 1980, j'ai débrayé un moment pour suivre Valéry Giscard d'Estaing en Chine. Il s'y rendait en voyage officiel. *Le Journal du Dimanche* me demanda de « couvrir » le voyage. La Chine, cela me plaisait bien. Vu sa taille, je ne saurais dire que je connais maintenant la Chine, mais, en tout cas, j'ai flairé celle d'il y a quinze ans, quand elle vivait encore dans l'obsession d'une attaque soviétique. Pékin était doublé d'une ville souterraine faisant office d'abri atomique. Les cyclistes, encore innombrables, roulaient la nuit sans lanterne, au péril de leur vie, en prévision d'une attaque aérienne durant laquelle ils auraient risqué de former un dangereux serpent lumineux. Mais Deng Xiaoping avait déjà lancé son fameux « Enrichissez-vous ! »

Ce que j'ai vu du pays par avion n'est pas beau : des paysages maigres, tristes. Mais il y a bien sûr la fameuse Muraille de six mille kilomètres où déambulent consciencieusement des milliers de touristes chinois. Flanqué de marchands de souvenirs qui débitent des babioles, ce long mur qui épouse comme un galon la ligne de crête des montagnes par où l'on redoutait de voir déferler les Mongols, ne présente qu'un intérêt anecdotique. En revanche, les six mille guerriers de terre cuite exhumés dans la région de Xian sont fascinants. On a dû en déterrer d'autres depuis lors, venus renforcer l'armée fantôme du premier empereur de Chine. Et puis, ce n'était pas mal de voir, à Shanghai, *Le Bourgeois gentilhomme* joué en chinois, et la salle entière s'esclaffer... Grâce à la compagnie de deux journalistes amis qui faisaient partie de notre troupe, ce fut un voyage parfait au cours duquel j'eus même l'occasion de danser dans une boîte de nuit de Shanghai, ce qui vous a tout de même une autre allure que de guincher chez Castel.

Pour je ne sais quelle raison, je pris seule l'avion du retour à partir de Shanghai. Il s'arrêtait à Pékin où il y avait dix heures d'attente avant que ne décolle l'appareil d'Air France à destination de Paris.

L'aéroport de Pékin est immense, de style stalinien. Il était vide, strictement vide. Seuls des balayeurs balayaient inlassablement. À peine avais-je débarqué de l'avion de Shanghai que les lumières s'étaient éteintes, les escaliers mécaniques arrêtés. J'appris plus tard que c'était par économie. Un café ? Pas de café.

J'ai voulu hisser ma valise au premier étage où se profilait une rangée de fauteuils hospitaliers. L'escalier était long et raide. J'ai calé. Soudain, un homme s'est présenté, a empoigné ma valise et m'a dit en français :

« Vous voyez que les hommes peuvent servir à quelque chose... »

Il avait bonne allure. L'air d'un loup.

Il a déposé ma valise à côté d'un fauteuil, puis s'est éloigné sans un mot de plus.

J'ai voulu allumer une cigarette. Mon briquet était tari. Il est revenu et m'a tendu une flamme en disant :

« Vous fumez trop, dès le matin... »

Puis il est reparti.

J'ai voulu lire. Je me suis aperçue que j'avais oublié mon livre à Shanghai. Qu'allais-je faire pendant dix heures ?

Mon voyageur est revenu :

« Qu'est-ce que nous allons faire pendant dix heures ?

– Je ne sais pas.

– Vous n'avez pas d'autre issue que de parler avec moi. »

Et il se présenta.

Je dis :

« Volontiers, mais pas tout de suite. J'ai besoin de dormir un peu.

– Comme vous voudrez. »

Il s'éloigna.

En vérité, je n'avais pas envie de dormir, mais de laisser mon imagination courir à partir de cette rencontre, d'inventer une nouvelle, un roman peut-être...

Et si d'une telle rencontre pouvait naître un coup de foudre ? Des confidences croisées, une certaine façon de se reconnaître, de se prendre la main, un émoi, une douceur... Dix heures, plus les dix heures de voyage jusqu'à Paris, soit vingt heures : c'est énorme, dans une vie. Assez pour la bousculer, pour que des liens se tissent, qu'une flamme jaillisse...

Je me représentais ma paire de voyageurs solitaires saisis par le désir et ne pouvant plus soudain imaginer de se quitter à leur arrivée à Paris.

Mais, à Roissy, ils sont l'un et l'autre attendus. Ils se saluent poliment en laissant un peu trop longtemps leurs mains enlacées. Ils ont failli s'aimer. Ils ne se reverront jamais.

C'est avec cette histoire que j'ai joué... Un jour, je lui donnerai peut-être forme.

Dans la réalité, j'ai fait quelques heures de conversation agréable avec un homme qui m'a raconté sa vie, son métier de constructeur de ponts, la passion qu'il nourrissait pour Modiano, les problèmes que lui posaient ses enfants, et qui avait simplement envie de faire passer le temps. C'était beaucoup moins romantique.

À Paris, nous nous sommes serré la main en nous promettant de nous revoir. Je l'ai aperçu un soir dans un restaurant. Il était avec une blonde vulgaire. Je n'ai pas eu envie de lui parler.

Ce fut mon dernier grand voyage, à part une brève incursion au Mexique en 1996 et une autre en Turquie.

Le tout premier m'avait conduite en 1952 en Amérique du Sud, à l'occasion du Festival de Punta del Este où l'un de mes films, *L'Amour, madame*, était présenté. Je n'avais encore jamais traversé l'Atlantique. C'était moins courant qu'aujourd'hui. Pris dans le « pot au noir », le vol se révéla éprouvant, mais me permit de vérifier ce que je savais déjà : je n'ai pas peur en avion. Privilège, à voir la tête de mes copassagers.

Punta del Este est une plage de luxe de l'Uruguay, alors fréquentée par les Argentins snobs. Beaux bâtiments, bon service, agréables bungalows. J'en partageai un avec Arletty. Jacques Becker et sa femme étaient du voyage. Gérard Philipe nous avait précédés.

Il y a les meilleures glaces du monde en Uruguay. Il y a aussi énormément de vaches. L'une d'elles se dressait même sur la place de la localité, en bronze. J'eus le mauvais goût de dire : « Bien sûr... C'est leur monument aux morts ! », ce qui ne fut pas apprécié. Un télégramme du Quai d'Orsay me recommanda de me montrer plus prudente dans mes propos. Mais, à la fin de notre séjour, agréable au demeurant, grâce à l'esprit et à la gouaille d'Arletty, j'aggravai mon cas en disant : « Cet endroit est un camp de concentration pour milliardaires », ce qui était strictement vrai. Nouvel avertissement du Quai.

Cela commençait à m'échauffer les oreilles. Je n'étais pas fonctionnaire pour qu'on me donnât ainsi des ordres ! Heureusement, nous partîmes à temps pour l'Argentine, qui vivait encore sous le règne de Perón. Quand on voulait éviter les contraventions dans les larges avenues de Buenos Aires, il fallait montrer son porte-clefs à l'effigie du dictateur. Là, nous avons été reçus par Eva Perón, et ce fut pathétique. Manifestement, cette femme se mourait. Elle était encore belle, impérieuse, mais épuisée.

Je me souvenais d'elle, à Paris, quand elle était venue recevoir la Légion d'honneur des mains de Georges Bidault en remerciement pour l'aide alimentaire que l'Argentine avait apportée à la France dans les années 45. Il y avait eu alors cette scène piquante : Eva Perón portait une robe à bustier, sans bretelles ; quand le ministre voulut accrocher sa médaille, il fut pris de court et dut, rougissant, plonger sa main dans le bustier d'Evita pour ne pas la blesser. L'assistance s'esclaffa. La Présidente se laissa faire avec bonne grâce.

Et maintenant, voilà : elle allait mourir. La popularité, l'argent, le pouvoir, rien ne pouvait la protéger du cancer.

D'Argentine, nous sommes passés au Brésil. Je ne connais pas de pays plus saisissant quand on le découvre, parce que tout y est, pour nous, démesure. Même les feuilles des arbres y sont plus grandes qu'ailleurs. On est dans une autre dimension et on se prend à rêver de Chambord.

À Rio, la plage s'allongeait à l'infini. J'ai voulu aller nager. La mer était délicieuse. Soudain, que vois-je ? Un requin ! Je pars ventre à terre, si j'ose dire, et atterris sur la plage, bouleversée. « Qu'est-ce qui se passe ? me demande-t-on. – Un requin ! Il y a un requin ! – Il avait la bouche là, ou là ? – Si vous croyez que j'ai regardé ! – Il devait l'avoir là, c'était un dauphin. Les dauphins sont très pacifiques. Pas de quoi s'inquiéter... »

N'empêche. J'ai éprouvé à Rio la peur de ma vie.

Le Président Vargas nous a reçus. Je me suis bien tenue. Je n'allais pas brouiller la France avec le Brésil après avoir failli la brouiller par mes boutades avec l'Uruguay. Il y eut quelques réceptions, quelques dîners. Il y a quarante ans, je n'en étais pas encore saturée et j'y ai pris plaisir. Là encore, le charme et la verve d'Arletty furent pour beaucoup dans l'agrément de l'étape.

L'année suivante, ce fut pour moi le choc des États-Unis, de New York avec ses immeubles debout, troués de lumière. J'avais arraché à Pierre Lazareff l'autorisation d'aller y faire un voyage.

« Mais il n'y a plus rien à dire sur les États-Unis, mon chéri, on a tout écrit...

– Je trouverai. S'il vous plaît, Pierrot... »

Il avait cédé. Je m'étais mis en tête de faire, pour *Elle*, un reportage sur les femmes américaines.

Pour commencer, je suis descendue dans l'hôtel qui leur était réservé, le *Barbizon for women.* Existe-t-il encore ? Je ne sais. À l'époque, il était exclu qu'un homme en franchît le seuil. Les chambres étaient séparées par une salle de bain commune où l'on retrouvait, séchant sur un fil de fer, les petites culottes de sa voisine. Une atmosphère de gynécée régnait en ces lieux.

Pour éprouver la solidité des barricades derrière lesquelles tant de vertus étaient protégées, j'ai demandé à l'un de mes amis de venir un soir me chercher. Il n'a même pas pu franchir la porte d'entrée.

Je connaissais beaucoup de monde à New York, mais ce n'était pas ce monde-là que je voulais pénétrer. Alors je me fis engager comme vendeuse dans un grand magasin de la ville, Lord & Taylor. En ce temps-là, à New York, on trouvait toujours un emploi. On me mit au rayon des robes. Et là, vraiment, en quinze jours, j'appris quelque chose sur la conduite particulière des Américaines. Je fis amitié avec les autres vendeuses, qui m'invitèrent chez elles. Et j'en appris encore davantage. Le mélange de simplicité et de brutalité dans les rapports humains, l'absence d'obséquiosité des vendeuses avec leurs clientes, traitées comme des égales : tout était différent.

Dix ans plus tard, j'ai été à Moscou. Là, c'est mon ami Igor Markevitch, le chef d'orchestre, qui m'y emmena. Il allait y donner des concerts. Ses deux petites filles nous accompagnaient. C'était le Moscou de Khrouchtchev, clos, barricadé, pétrifié, impressionnant sous la neige. On organisa pour moi des visites classiques : la piscine d'eau chaude en plein air, le musée Pouchkine, ce monastère dont j'ai oublié le nom, à trente kilomètres de Moscou, où j'ai vu des gens prier comme nulle part ailleurs, le métro avec l'immense effigie de Staline emprisonnée dans la céramique...

Un de mes amis français qui avait une fiancée à Moscou – il se démenait pour lui obtenir un visa de sortie – m'avait demandé de lui apporter des petits cadeaux de Paris. La jeune femme vint me voir à l'hôtel. D'abord, elle fut outrée par la dimension de ma chambre, plus grande que l'appartement où elle s'entassait avec toute sa famille. Plus tard, je l'emmenai dîner chez Rostropovitch. Là, c'est la présence d'une servante qui la hérissa, et toujours ces pièces spacieuses, et le fait qu'ils disposaient d'une voiture... Elle découvrait en somme les privilégiés et fustigeait rudement le régime...

« Si vous la recevez dans votre chambre, faites attention, me dit Rostropovitch. Il y a des micros partout. Elle risque d'être imprudente. »

Le lendemain, j'entrepris de détecter ces micros. J'ai fouillé partout. Enfin, sous le tapis, j'ai senti une bosse suspecte. C'était un petit cercle de métal. Je le tenais, mon micro ! À coups de ciseaux, j'ai réussi à l'extirper du sol. On entendit alors un bruit épouvantable : le cercle de métal tenait fixé le lustre de la chambre située sous la mienne. Celui-ci s'était écroulé.

Branle-bas à l'étage. Une femme jaillit, furieuse, me disant :

« Qu'est-ce que vous avez fait ? Qu'est-ce que vous avez fait ? »

Elle baragouinait le français. Je lui répondis :

« C'est votre faute ! S'il n'y avait pas de micros dans les chambres, on ne chercherait pas à les neutraliser ! »

L'affaire gonfla, puis se dégonfla au moment où je me demandais si je n'allais pas finir à la Loubianka. Le directeur de l'hôtel vint seulement m'avertir que, par mesure de clémence extraordinaire, je ne serais pas inquiétée, à condition de me tenir tranquille à l'avenir et de payer le lustre brisé. Je m'en tirais à bon compte.

Au cours du même voyage, nous avons rencontré Khrouchtchev, truculent et rieur. Il voulait absolument me faire fumer un cigare. Comme je me dérobais, il me dit :

« Alors, emportez-le... Moi, j'en ai beaucoup. Mon cher ami (c'était Fidel Castro) m'en envoie. »

Et il éclata d'un gros rire. J'ai pris le cigare. À Paris, je l'ai donné à J.-J. S.-S. en lui disant : « Appréciez-le bien. Un cigare offert par Castro à Khrouchtchev, vous n'en fumerez pas tous les jours. »

Puis, j'ai écrit une série d'articles pour *France-Soir*, « Moscou à fleur de peau ». Lazareff a été content de moi.

Pour connaître une ville – que dire d'un pays ? – il faut dix ans. Mais, comme les humains, les villes ont des visages où l'on peut saisir, d'un regard, une certaine vérité. C'est ce regard que j'avais posé sur Moscou.

J'y suis retournée il y a quelques années, sous Gorbatchev. Tout avait changé. Jusqu'aux manières des chauffeurs de taxi. Le visage de la ville était comme décomposé.

Voilà quelques-unes de mes aventures de voyage. J'en ai connu d'autres sous d'autres cieux, à Cuba, au Mexique, au Japon, à Hong Kong, en Égypte, je ne sais où encore. En Yougoslavie où Giscard m'avait emmenée et où j'avais dîné en petit comité avec un Tito surprenant sous ses cheveux teints, dans un décor d'opérette, flanqué d'une épouse couverte de diamants. Tito !

À Angkor, j'ai eu la chance, avec un petit groupe de voyageurs, d'être l'une des dernières personnes à pouvoir pénétrer dans le temple d'Angkor Vat avant que la guerre n'éclate et ne le rende inaccessible. De tous les chefs-d'œuvre de pierre que porte la Terre, c'est peut-être celui qui m'a laissé la trace la plus profonde, tant l'esprit souffle sur ce lieu de grâce et de beauté.

Je suis en général mauvaise voyageuse, allergique aux circuits touristiques, rebelle aux expéditions organisées. J'ai besoin de voir les choses seule ou en tout petit nombre, à mon rythme... C'est difficile. Rien n'est fait, dans ces pays lointains, pour le voyageur solitaire. On est guidé, dirigé, pris en main en même temps qu'un troupeau, soumis au bavardage de ce troupeau qui ne respecte pas le silence sans lequel rien ne vous pénètre.

La chance a voulu que je parcoure le monde dans des conditions idéales. Il ne m'en reste plus que l'immense regret d'être incapable de recommencer. Je ne verrai plus jamais le soleil se lever, en Égypte, sur le temple d'Abou Simbel.

Heureusement, Paris est si beau que l'on peut tous les jours se réchauffer le cœur à son spectacle.

En Iran, j'ai eu le privilège de rencontrer le Shah dans son palais. C'était au moment où l'on faisait grand bruit, en France, à propos des mauvais traitements qu'il infligeait à ses opposants. Son Premier ministre, Amir Hoveyda, avait jugé judicieux d'inviter quelques directeurs de journaux français et autres personnes présumées influentes à un « voyage d'information ». Il y avait parmi nous Gaston Defferre, Marcel Bleustein, des poids lourds.

Tout commença par une conversation à bâtons rompus, suivie d'un cours de géopolitique. L'homme était intelligent, s'exprimait dans un français excellent, mais nous prenait manifestement pour des sots prêts à boire ses impériales paroles en échange de quelques phrases sur la France éternelle, mère des arts. C'était compter sans les mauvaises têtes du groupe. Gaston Defferre attaqua le premier, je pris le relais. Nous voulions des précisions sur le sort des prisonniers politiques. D'abord, y en avait-il ? Combien ? Pourquoi ? Le Shah était furieux. Il resta courtois, mais devint méprisant pour nous dire que, comme il s'y attendait, nous ne comprenions rien à l'Iran – ce qui, soit dit en passant, était parfaitement vrai, comme les événements allaient bientôt le prouver. Mais qui le comprenait alors ? Certainement pas ce sombre souverain enfermé dans son palais, persuadé que son peuple l'aimait et que seuls quelques trublions...

Amir Hoveyda, Premier ministre habile entre tous, s'employa à dissiper la mauvaise impression laissée par le Shah en nous faisant goûter les délices de la vie mondaine iranienne : déplacements en hélicoptère à l'intérieur de la ville pour ne pas avoir à souffrir des encombrements, jolies femmes habillées à Paris, couvertes de bijoux, caviar à la louche, soirée à laquelle devait participer le Shah, mais il fit dire qu'il avait mal aux dents...

Le lendemain, sa sœur jumelle, Ashraf, m'emmena en hélicoptère survoler le pays et atterrir dans un genre de ferme en pleine montagne. Là, tout à coup, c'était le Moyen Âge. Ashraf arborait une robe moulante bariolée, très courte, des ongles très rouges, des lèvres écarlates. Je lui dis : « Comment vos paysans prennent-ils votre apparition dans cet appareil ? Chez nous, ils n'apprécieraient pas.

– Ils sont ravis, me dit-elle. Ils aiment tout ce qui est moderne et ils sont contents de me voir. »

C'est le seul moment du voyage où j'ai pensé : « S'ils croient cela, ils sont fous. » Mais tout paraissait baigner dans l'huile. Pas question, naturellement, de rencontrer des opposants, nous n'étions pas une commission d'enquête.

Nous sommes repartis les bras chargés de caviar sans avoir, pour finir, glané une seule information significative sur l'Iran. Il n'y avait pas une brèche dans la façade par où elle aurait pu nous parvenir.

Quand éclata la révolution des ayatollahs, avec les conséquences que l'on sait, ma seule consolation fut que personne – personne, jusque dans les chancelleries les plus vigilantes – ne l'avait prévue, et qu'il y eut même des intellectuels en France pour croire qu'il s'agissait du triomphe de la démocratie sur l'autocratie.

Pour ma part, je ne leur ai pas pardonné d'avoir assassiné Hoveyda, qui avait les mains propres, ami sûr de la France que nous avons abandonné sans lever le petit doigt pour l'arracher au supplice, alors que nous avions hébergé Khomeiny.

Où en étais-je de ces voyages qui ont tant contribué à mon bonheur de vivre ?

L'ennui est que je ne sais pas me diriger. J'ai à cet égard comme un trou dans la tête, une inaptitude complète à m'orienter. Je me suis égarée dans toutes les villes du monde où j'ai traîné mes guêtres, et j'en garde des souvenirs affolants. Qui dira l'angoisse du touriste perdu dans les rues de Tokyo ou de Hong Kong, à l'heure du crépuscule, en quête d'un improbable taxi ?

Israël, j'ai fait sa découverte grâce à A. Là, aucune tâche professionnelle ne m'attendait. Mais A. avait besoin d'y aller – il était l'éditeur de Moshe Dayan – et, pour lui faire plaisir, je l'ai accompagné.

Le choc de Jérusalem dans sa lumière bleue, l'émotion devant les sites de la Bible et de l'Histoire sainte, le mont des Oliviers, les mines du roi Salomon, tout cela a été cent fois décrit.

Nous nous sommes baignés au milieu des coraux, à Akaba, dans la mer Rouge qui est vraiment rouge à l'heure où la montagne s'y reflète.

En bons Français, nous pestions contre la nourriture, détestable. J'étais toujours agacée par les gens qui, rentrant de voyage, ne vous parlent que de ce qu'ils ont mangé. Mais il faut bien reconnaître qu'un certain degré de non-comestibilité, pour des palais français, rend nerveux. Israël se surpassait.

J'avais formé le projet de me baigner dans toutes les mers du monde, et je n'ai pas réalisé cette ambition baroque. Mais, quelquefois, avec A., je regardais une planisphère et lui montrais du doigt toutes les flaques bleues où j'avais nagé, du golfe du Bengale à celui du Mexique, et toutes celles qui manquaient encore à mon palmarès.

Il me disait : « Nous irons. Si tu consens à travailler un peu moins et à prendre parfois des vacances, nous irons. Nous avons la vie devant nous. »

Hélas !

Je ne connaîtrai jamais le goût de la Baltique, ni celui de la mer de Chine, et de combien d'autres... Et le jour où, au hasard d'une semaine de détente en Grèce, j'ai nagé sans lui dans la mer Égée, j'ai eu le sentiment violent de trahir mon cher compagnon si tendre, si indulgent à mes fantaisies.

La Turquie, terre de mes ancêtres, où je n'avais jamais mis les pieds, c'est à François Mitterrand que je dois de l'avoir découverte. Il y allait en voyage officiel, il m'a emmenée. C'était une attention comme il savait en avoir. Voyager avec le Président de la République est plutôt commode : on ne s'occupe pas de ses bagages et tout est chronométré.

Après une nuit à Ankara, nous devions nous rendre à Istanbul, et je me mis à rêver. Ma mère m'avait tant parlé de cette ville qu'elle appelait Constantinople, de la Mosquée bleue, des descentes en bateau sur le Bosphore. Enfin, j'allais voir ça !

Nos valises devaient être prêtes à minuit pour être enlevées puis chargées dès l'aube. Or, en me couchant, je m'aperçois que j'ai laissé dans cette valise les petites pilules qui me permettent de dormir. Je me précipite. Trop tard : la valise est déjà partie. Cela signifie que je ne vais pas fermer l'œil et que, demain matin, je serai flapie. Ce ne sera pas poli, cela va me gâcher Constantinople. J'enrage. Que faire ? Essayer les grands moyens. C'est-à-dire parler à mon cerveau, lui demander de réagir comme s'il avait reçu sa dose de somnifère, me concentrer intensément sur cette instruction délicate que je lui donne. Intensément. Ça a marché. Le lendemain, j'étais d'attaque pour aller visiter les fameuses citernes et trotter derrière François Mitterrand à travers les mosquées.

Il était charmant comme il savait l'être, m'interrogeait sur mon père, sur mon grand-père, médecin colonel qui avait soigné le Sultan Rouge. Il voulait tout savoir.

« Cela vous émeut d'être ici ? »

Non, franchement. Mon père avait dû fuir ce pays avant ma naissance. Je n'y avais ni racines ni souvenirs. Mais j'étais contente de voir ce que les yeux de mes parents avaient vu. Cela, oui, c'était émouvant.

« Votre famille a bien une tombe au cimetière !

– Non. Toute ma famille est enterrée en France. »

Il était déçu que je n'eusse pas un cimetière à visiter.

Notre conversation se prolongeant, son escorte s'impatientait respectueusement. Il abrégea.

Un grand dîner protocolaire et fort ennuyeux, non prévu au programme, clôtura cette longue journée, passé minuit. Quand l'avion nous remporta enfin vers Paris, je me demandai comment François Mitterrand avait la force de supporter de telles fatigues. Il y a une grâce du pouvoir.

En 1981, l'élection de François Mitterrand m'avait fait plaisir. Non que j'eusse de l'animosité contre Giscard, que je continuais à tenir pour l'homme le plus capable de sa génération, mais il avait « raté son coup ». Une majorité trop courte, qu'il s'était refusé à étoffer en procédant à une dissolution après son élection, un ennemi virulent, Jacques Chirac, dans son propre camp, et, après des débuts brillants, une volonté de réforme qui avait été paralysée. De surcroît, il n'était pas aimé, lui qui aurait tant voulu l'être... L'affectation d'aristocratisme, alors qu'il est en vérité un grand bourgeois, faisait sourire quand elle n'agaçait pas. Elle le tenait en tout cas éloigné des gens.

Mitterrand, c'était autre chose. Hors l'affection où je le tenais, c'était enfin la gauche au pouvoir. L'avais-je assez souhaité ! Et A., donc : il était fou de joie !

Le soir de l'élection, tandis que la foule se pressait à la Bastille, on fit fête chez Georges

Kiejman. Mendès France était venu avec sa femme. Il était ému. En fait, nous l'étions tous. La gauche au pouvoir ! Après tant et tant d'années, et de combats perdus !

Je l'ai dit : Mendès France n'a jamais aimé Mitterrand – trop de talent –, lequel le lui rendait bien – trop de prestige. Mais, ce soir-là, il était heureux. Leur rivalité était évanouie. L'un triomphait, mais l'autre était délibérément sorti du jeu. Il n'y avait plus qu'une victoire dont Mendès France était heureux, infiniment. Quelqu'un s'approcha pour lui demander comme il voyait la suite. Une petite lumière s'alluma dans son œil : « Ça va tanguer », dit-il. L'expression lui était familière.

Ça a tangué. Énormément. Et de l'exacte façon qu'il avait pressentie. Mais François Mitterrand ne l'a jamais consulté. P.M.F. est mort d'un coup, sans avoir eu son mot à dire, et le socialisme triomphant est allé buter dans le mur en 1983.

Mais quoi ! Qu'est-ce qu'un homme politique sans pouvoir ? Envers et contre tous, Mitterrand avait su le prendre. Et il allait le garder pendant quatorze ans !

Pour ma part, je n'étais pas optimiste. À l'instigation de Raymond Barre et de Michel Albert, j'ai eu, en 1981, à présider une commission du Plan sur l'avenir du travail. Une série de spécialistes y avaient planché pendant quelques semaines sur le sujet. Il ressortait de leurs prévisions un tableau fort noir de l'avenir du pays : montée inéluctable du chômage ; baisse inéluctable des revenus, non encore observée mais redoutée par la population ; contestation permanente de l'autorité, jugée indigne de l'exercer ; recours probable au partage obligé du travail... Quinze ans après, on en est toujours là, avec des chiffres sensiblement aggravés... À croire que personne ne lit les rapports du Plan.

« Vous vous mangez les sangs, me dit A., ce n'est pas raisonnable. Vous n'êtes pas responsable des affaires de la France ! »

Non, grâce à Dieu ! Mais ce petit bout de responsabilité que je venais d'avoir, j'aurais voulu l'exercer jusqu'au bout, tirer la sonnette d'alarme, m'assurer qu'en haut lieu, on avait bien connaissance de ces indicateurs, tous au rouge. Mais, en haut lieu, on naviguait sur le char de l'illusion.

Je travaillais à ma biographie de Marie Curie lorsque A. me dit : « Je vous emmène à Madrid.

– Volontiers. Pour quoi faire ?

– Pour le Mundial, voyons ! la demi-finale du Mundial ! »

Nous y avions rendez-vous avec Kissinger. L'homme d'État américain était son auteur. J'avais, à sa demande, supervisé la traduction française de ses mémoires, et nous avions noué des liens d'amitié. Je l'aime bien, ce personnage vilipendé, avec son accent allemand, son esprit très européen, brillant s'il en est, son snobisme attendrissant. C'était un fou de football, jeu qu'il s'efforçait en vain d'introduire sous sa forme française aux États-Unis.

Le foot, il faut aimer. Moi, j'aime. La demi-finale, perdue par la France contre l'Allemagne, fut à fendre le cœur, tant nos joueurs montrèrent de brio. C'est là qu'on vit, instant inoubliable, un gardien de but allemand, Schumacher, défoncer la mâchoire d'un joueur français, Battiston. Écœurant. Révoltant.

Après le match, la foule était telle dans les rues de Madrid qu'il était impossible de circuler. Comment retrouver Kissinger ? On le retrouva. Il était avec l'ancien champion allemand Beckenbauer. Commença alors une de ces soirées largement arrosées au long desquelles les amateurs de football évoquent leurs souvenirs.

Le temps d'aller, le lendemain, rendre une petite visite aux Vélasquez et aux Goya, et nous sommes rentrés à Paris, encore tout secoués par la déception.

À l'automne, un matin, A. sonna à ma porte. Je savais qu'il avait été consulter un médecin pour un mal de gorge récurrent.

Il entra et me dit simplement :

« J'ai un cancer. »

C'est ainsi que prirent fin les plus douces années de ma vie, celles que j'avais passées dans la chaleur de son joyeux amour.

Rien qu'à écrire son nom, les larmes me montent aux yeux, tant il était fait pour la vie. Taillé comme il était, dans du granit, avec une mère centenaire, je m'étais bien promis de mourir avant lui. Il ne me jouerait pas le tour de me laisser seule, j'en étais convaincue. Il serait là pour me fermer les yeux. Mais il n'est pas là, il n'est plus là, tandis que je m'incruste...

En 1983, sauf erreur, Jean Daniel m'a demandé de prendre en charge la télévision au *Nouvel Observateur.* Maurice Clavel venait de mourir après avoir donné à cette chronique un éclat particulier. J'étais oisive, entre deux livres, je pensais que la télévision était un phénomène puissant à côté duquel les intellectuels, pour la plupart, étaient passés, j'étais clouée à Paris par l'état d'A., une vieille amitié me liait à Jean Daniel. J'acceptai.

J'ai su plus tard que cela ne plut pas à tout le monde, au sein de la rédaction de l'*Obs.* « C'est une *has-been...* », disait-on. Mais Daniel a tenu bon. Je crois qu'il ne l'a pas regretté.

Ce que je ne soupçonnais pas, c'est le travail que cette chronique exigerait. Écrire n'est rien, il faut regarder. Quelquefois, surtout à la fin de la saison, je suis saturée de télévision, j'ai envie de casser mon poste. Mais, sagement, je me remets à l'ouvrage, persuadée qu'il faut savoir ce que les Français absorbent pour comprendre ce qu'ils deviennent.

Et puis, A. a disparu et j'ai plongé dans un trou noir.

Il arrive qu'un cancer de la gorge guérisse. De rayons en chimiothérapie, longtemps nous avons espéré. Mais son état s'est dégradé, ses souffrances se sont accrues, il suffoquait. Alors, il m'a demandé de lui épargner une agonie où il avait peur de mourir étouffé.

Pour l'amour de lui, j'ai obéi.

C'est une épreuve que l'on ne traverse pas impunément.

Je l'ai payée d'une dépression carabinée, la vraie, la pure dépression, celle où l'on ne veut plus se lever le matin, où l'on ne veut plus rien, où l'on ne peut plus rien. Je me répétais mécaniquement les vers de Max Jacob : « *Mon Dieu, que je suis las d'être sans espérance, /de rouler le tonneau lourd de ma déchéance.* » J'étais une loque.

Un jour, peinant sur mon article pour l'*Obs*, je n'ai pas pu continuer. Impossible de trouver mes mots. Là, je me suis affolée. J'ai toujours eu peur de cette situation : tout à coup, ne plus pouvoir écrire. J'ai rassemblé tout ce qui me restait de forces pour aller voir un psychiatre. Il m'a tirée, en une semaine, de ce mauvais pas, mais non de la dépression où j'étais enfoncée. Des mois et un traitement sévère ont été nécessaires avant que je retrouve le goût de vivre, celui d'écrire.

La dépression est le mal que je souhaiterais à mon pire ennemi, si j'en avais. Mais je n'en ai pas : seulement des petits ennemis sans importance.

Enfin, lentement, j'ai émergé... Les fruits ont recouvré leur saveur, les fleurs leurs couleurs, le soleil sa douceur. C'était comme si la vie, pétrifiée, s'était remise à circuler sous ma peau, dans mes veines ; à chaque instant j'avais peur de craquer, mais je ne craquais pas, enfin juste un peu, mais ça s'arrangeait, j'étais sauvée.

Je m'ébrouais comme au sortir d'un naufrage quand un éditeur d'art, José Alvarez, me demanda d'écrire un texte de cinquante pages pour accompagner un album de photos sur Dior. Cinquante pages, c'était une distance que je pourrais tenir, malgré ma fragilité. Et j'ai éprouvé un certain plaisir à plonger dans le luxe et le raffinement.

J'aime le luxe, le vrai, celui qui ne se voit pas. La coupe parfaite d'un vêtement, le moelleux d'un tissu de cachemire...

J'avais bien connu Christian Dior que je tenais pour un grand créateur, j'avais porté ses robes parce qu'il me faisait généreusement de tout petits prix, j'aimais la haute couture, un des beaux arts, du moins en France et en Italie... Ce fut un travail plaisant qui me rassura sur ma capacité d'écrire. L'album a fait le tour du monde. Dior y est resté un nom magique.

Autre chose fut d'aller parler de l'Allemagne et de la France avec Günter Grass à l'instigation d'un autre éditeur, Maren Sell. Grass n'est pas un client commode. Sombre, rugueux... Notre dialogue se déroula chez lui, à Hambourg, ville captivante, comme tous les grands ports, noyée dans des camaïeux de gris, avec ses maisons à l'anglaise. Mais j'eus à peine le temps de la voir. Nous étions à la tâche. Grass parlait allemand, je parlais français, les échanges furent laborieux, le texte final exigea une longue et minutieuse révision de part et d'autre... Je fus médiocrement satisfaite de ce travail qui m'avait coûté beaucoup d'efforts.

Je me suis consolée en écrivant la biographie d'Alma Mahler. Une garce ! Mais quel personnage... Replonger dans l'histoire de Vienne à la fin du siècle, la Vienne de Freud, de Schnitzler, de Weiniger, de Klimt, vivre le temps d'un livre avec Mahler fut délectable. Un voyage dans la capitale autrichienne pour compléter ma documentation ménagea une trêve agréable dans mon travail. Il y a tant à voir à Vienne... Le Musée où l'on découvre un Vermeer caché dans un couloir, les Klimt, la Poste construite par ce fameux architecte dont j'ai oublié le nom, cent merveilles... Je fus au cimetière pour voir la tombe d'Alma Mahler, curieusement séparée de celle de sa fille. Mon amie Éliane Victor m'accompagnait, ainsi qu'un musicologue autrichien qui avait accepté de nous servir de guide. Cette escapade m'aida à recouvrer mon équilibre. J'avais récupéré la faculté de m'intéresser à tout.

Il me restait à apprendre la solitude que, jusque-là, je n'avais jamais connue, sinon dans mes jeunes années. J'ai toujours pensé qu'elle était préférable à la mauvaise compagnie. Mais vivre sans jamais prendre appui sur un homme, sans le bain de tendresse auquel A. m'avait habituée, sans personne avec qui échanger ses idées, ses émotions, ses rires, est assez difficile. Quelquefois, on suffoque dans cette solitude-là.

À soixante-dix ans, j'étais trop âgée pour renouer un lien amoureux dont je n'avais d'ailleurs nulle envie. Comme le disait si bien Chanel : « Un homme vieux, quelle horreur ! Un homme jeune, quelle honte ! »

J'appris donc à vivre sans homme. Un chapelet d'amies et d'amis que je vois régulièrement et qui me font le don magnifique de leur sollicitude, me tient la tête hors de l'eau froide de la solitude. S'y ajoute la plus précieuse de ces amies, ma fille.

Ainsi ai-je peu à peu retrouvé quelque chose du bonheur de vivre.

Mais, quand j'ai voulu écrire *Leçons particulières*, une barre s'est dressée devant moi, infranchissable. Je ne pouvais pas tracer un mot qui ne parlât d'A. Son souvenir bloquait tous les autres. Il a bloqué ma plume jusqu'à ce que je me décide à l'évoquer brutalement, d'une certaine façon.

Il ne faut pas croire qu'on écrit ce que l'on veut. On écrit ce qu'une force en soi commande, ou alors on fabrique, c'est autre chose.

Autrement, ce que l'on écrit est bon, mauvais, on ne sait pas, on déchire, on recommence, on souffre, on s'arrache le cœur morceau par morceau, et puis, un jour, c'est là. Fini. Trois cents pages. Un objet tombé de vous comme un enfant, dont on ne sait pas s'il vivra, s'il a du souffle ou s'il ira rejoindre des milliers de pages au cimetière des manuscrits morts.

Non, on n'écrit pas ce qu'on veut. Ce que l'on choisit, c'est son sujet...

L'accueil fait à Marie Curie et à Alma Mahler m'encouragea à poursuivre dans la voie de la biographie. Je cherchai donc un bon personnage de femme. Quelques lignes lues dans un journal me firent penser à Jenny Marx. Et ce fut *La Femme du diable.*

Quelquefois, on me dit : « Vous travaillez trop... » J'en conviens, mais c'est une si longue habitude. Et que voulez-vous que je fasse d'autre ? Je ne peux plus faire de sport, je n'aime pas les jeux, le bridge ou le gin-rummy qui occupent les vieilles dames oisives, personne n'a besoin de moi, ma famille m'est chère mais ne m'occupe guère, qu'ai-je à faire de mieux que de travailler ? Mis à part un article par semaine, je suis entièrement disponible pour chacun des livres que j'ai envie d'écrire. C'est un grand privilège. J'en use.

Reste le choix des sujets. Quand il s'agit de biographies, il faut savoir que l'on vivra avec son personnage pendant un an, parfois davantage. A-t-on envie de cette cohabitation ?

Jenny Marx me tentait beaucoup. Je savais que je pouvais aller à un échec commercial, tant le nom de Marx est répulsif pour un certain public. Mais, soit. Je ne fais pas de commerce. Raconter cette vie, c'était évidemment raconter celle de Marx, et cela me plaisait. J'ai travaillé comme une bête sur ce thème, et j'en ai été récompensée par le plaisir que j'en ai tiré. Les ventes furent moins fortes que celles de la biographie d'Alma Mahler, mais bonnes, cependant, et le livre fut traduit dans le monde entier. J'étais contente.

C'est alors que Bernard-Henri Lévy surgit dans ma vie. Il allait y tenir une grande place.

En vérité, je le connaissais depuis longtemps. Il y a une vingtaine d'années, dînant ensemble chez je ne sais qui, nous avions joué, le temps d'une soirée, à nous séduire l'un l'autre, sans plus de conséquences. Puis, beaucoup plus tard, nous nous étions retrouvés autour du berceau de l'Action internationale contre la Faim, avec quelques amis dont Jacques Attali, Guy Sorman, Patrick Siegler Lathrop, Marek Halter, etc. Ce titre ambitieux recouvrait l'indignation d'une poignée de gens contre la faim dans le monde, sujet qui ne remuait guère les foules, à l'époque. Nous voulions saisir l'opinion, agir, interpeller le pape, créer des comités à travers la France, que sais-je... Alfred Kastler, Prix Nobel, allait être notre premier président. B.H.L. avait rédigé une charte superbe. Il ne restait qu'à mettre nos bonnes intentions en application.

Nous n'avions naturellement aucune expérience de ce qu'on appelle, depuis lors, l'« humanitaire ». L'occasion nous fut très vite donnée de nous mettre à l'épreuve. C'était au début de la guerre d'Afghanistan. Un médecin afghan qui avait entendu parler de l'association se présenta un soir chez moi, où nous étions réunis, et dit : « Si vous voulez être utiles, procurez des tentes aux réfugiés afghans qui vont déferler sur le Pakistan. Sinon, ils vont mourir de froid. Le Pakistan peut les nourrir, il ne peut pas les abriter. » Dans l'heure, l'un de nous, Gilles Hertzog, bondit au Pakistan pour vérifier que les tentes adéquates pouvaient être fabriquées sur place, et revint avec des chiffres précis. Le lendemain, j'ai demandé le micro d'*Europe 1* pour lancer un appel : il rapporta 500 000 francs. Cela faisait beaucoup de tentes. Nous n'étions pas peu fiers.

Ce bricolage humanitaire fut le premier pas d'une longue histoire qui allait nous conduire à prendre en charge l'état sanitaire de cent mille réfugiés, à envoyer en particulier des femmes médecins au Pakistan, les Afghanes refusant d'être examinées par des hommes. Ce fut le départ d'une longue marche qui, à travers bien des péripéties, allait faire de l'ACF l'une des plus importantes O.N.G. françaises, aussi efficace et professionnelle que nous avions été, à l'origine, d'intrépides amateurs.

Car l'humanitaire ne s'accommode pas de l'amateurisme. Il lui faut non seulement des médecins et des infirmières, mais des hydrauliciens, des logisticiens, des techniciens divers prêts à se défoncer dans des circonstances parfois difficiles et un environnement hostile. Il lui faut des coordinateurs, des structures, des gestionnaires avisés, responsables parfois de sommes considérables. Aujourd'hui, c'est José Bidegain qui préside l'ACF, Nathalie Duhamel qui la dirige : une solide équipe.

Au fur et à mesure que l'Association s'est développée, ses fondateurs ont eu moins à y faire et se sont, pour quelques-uns, désintéressés de son fonctionnement, mais pas votre servante, toujours obstinée dans ses entreprises. Je ne lâche jamais ce dans quoi j'ai planté mes dents.

Il fallait passer du romantisme au pragmatisme. C'est toujours difficile. J'eus un accrochage sérieux avec B.H.L. au sujet de l'Éthiopie, puis nous nous sommes perdus de vue.

Là-dessus, en 1994, Olivier Orban, l'éditeur, vint me voir pour me demander si cela m'intéresserait d'écrire un livre à deux voix avec B.H.L. sur le thème « Les hommes et les femmes ». Proposition inattendue. B.H.L. en était-il d'accord ? Oui, il l'était. Soit. C'était amusant, ce projet. Mais nous avions l'un et l'autre des travaux en train. Décision fut prise de remettre sa réalisation à l'été, que nous comptions passer l'un et l'autre dans le Midi.

Alors se posa le problème technique : comment allions-nous procéder concrètement ? Faire un canavas et broder dessus devant un magnétophone ? Les résultats sont toujours décevants. La parole est toujours pleine de scories ; elle est mal construite, il faut ensuite la réécrire et elle perd alors de son mouvement, de sa fraîcheur... La seule personne que j'ai connue qui parlait comme il écrivait, avec la même précision, c'est Raymond Aron. Il fallait trouver autre chose. C'est B.H.L. qui trouva. Nous étions chacun équipés d'un fax. Nous allions dialoguer par fax interposés, c'est-à-dire en écrivant nos répliques alternativement. Ainsi la vivacité du dialogue serait préservée, mais dans la forme dépouillée que permet seule l'écriture. Installés chacun dans une maison à quelques kilomètres l'un de l'autre, nous avons mené cette opération pendant deux mois. Une fois terminée, elle déboucha sur un texte à peu près au point.

Pendant ce travail, il se passa quelque chose de curieux. Je croyais connaître B.H.L., il croyait me connaître, nous avions souvent refait le monde ensemble, et, s'agissant de points essentiels, nous étions sur la même longueur d'onde. Sur des points essentiels, mais pas sur les hommes et les femmes, justement, dont nous n'avions jamais été en situation de parler... Or, au fur et à mesure que nous avancions dans notre dialogue, je découvris un « macho » romantique mais rigide ; il découvrit une féministe tranquille mais irréductible. Ce fut quelquefois orageux. Les choses nous amusèrent et nous rapprochèrent davantage.

Je ne suis pas dupe de son charme, de sa séduction que j'ai vu opérer sur les gens, hommes ou femmes, les plus inattendus, quand elle ne provoque pas un refus résolu de se laisser « avoir ». Alors il se détourne, indifférent.

Ce qui me plaît en lui, c'est ce qu'il y a derrière le masque du séducteur : du courage. Courage intellectuel, courage physique. C'est un lion. Tout le reste est secondaire. Une certaine façon de faire un peu trop parler de lui, la coquetterie de ses chemises décolletées, la hâte avec laquelle il se lance dans des aventures improbables, l'urticaire que ce Normalien donne aux universitaires, son côté « gauche de luxe »... Il souffre parfois de la représentation que l'on a de lui, dandy tapageur trop beau pour être honnête, tant il la sait superficielle, mais soit, il assume. Et il va son chemin, avec une conscience aiguë de la responsabilité de l'intellectuel dans la société. On ne le trouvera absent d'aucun grand combat, s'il le croit juste.

Si jamais des sarcasmes furent déplacés, ce sont ceux qui ont parfois accueilli son action en faveur de la Bosnie. Il a vu clair très tôt et n'a pas lâché prise, au péril de sa vie, au mépris de ses relations d'amitié avec François Mitterrand, qui en ont été définitivement affectées après qu'il l'eut harcelé.

Quand il m'a demandé de me joindre au petit groupe qu'il avait formé pour se faire entendre sur ce problème, je l'ai fait sans hésiter, et même avec reconnaissance. Enfin faire quelque chose pour la Bosnie, hurler, dire que c'était tous les jours Munich à quoi nous assistions, interpeller les responsables de cette longue lâcheté...

Je suis allée en Bosnie. C'était deux jours après la chute de l'enclave de Zepa, quelques jours après la tragédie de Srebenica. Ce que j'ai vu et entendu là-bas de la bouche des réfugiés épouvantés, je ne l'oublierai jamais. Oui, il fallait se battre pour la Bosnie.

Tout ceci pour dire que j'ai conçu à l'égard de B.H.L. une amitié qui n'est pas épidermique, mais solidement fondée.

Notre dialogue d'un été a connu un grand succès, y compris aux États-Unis où l'éditeur l'a rebaptisé : *Les Femmes et les Hommes.* Histoire d'être « correct », probablement !

Ces meetings sur la Bosnie au cours desquels B.H.L. m'avait obligée à prendre la parole – ce qui me terrorise toujours, comme tous les timides – m'avaient rafraîchi le sang. Sans sous-estimer les agréments de ma situation particulière – pas de patron, et des revenus non négligeables grâce à mes livres –, j'éprouvais le sentiment parfois déprimant de n'avoir plus prise sur les choses, ou si peu. Habituée pendant des années à avoir de l'influence à travers *L'Express* où chaque éditorial constituait un acte, puis engagée dans l'action ministérielle avec des résultats concrets, je ne me sentais plus vraiment opérationnelle, ou quelquefois seulement par le truchement de l'*Observateur*. D'où une certaine mélancolie, une nostalgie fugitive. Souvent, je pensais à la phrase de Mauriac : « Je suis une vieille locomotive qui traîne des wagons, qui peut siffler, et il m'arrive encore d'écraser quelqu'un. »

J'étais une vieille locomotive, il fallait l'admettre, en remerciant le ciel de n'être pas encore sur une voie de garage. J'étais encore bonne pour des actions ponctuelles, si elles se présentaient. Je pouvais siffler ou écraser quelqu'un. Mais au delà ?

Que faire ? Écrire, encore écrire, modestement...

J'étais assise devant mon ordinateur, cherchant les premières lignes d'un nouvel ouvrage lorsque, bizarrement, une phrase s'installa. Une phrase qui n'avait aucun rapport avec ce dont j'avais le projet. Puis vint une deuxième phrase, puis une troisième. Mais qu'est-ce que j'étais donc en train de faire ? Quels étaient ces personnages, cet homme, cette femme qui avaient colonisé mon écran ? Comment ils se sont installés, ces deux-là, avec quelle impudence ! Le sûr est qu'ils ne m'ont pas demandé l'autorisation pour devenir des héros de roman. Ainsi fut écrit *Mon très cher amour*, sans une référence biographique, l'histoire d'une jalousie, alors que je ne suis pas jalouse, née de rien, d'une zone mystérieuse de mon cerveau où elle séjournait. Ce sont de ces tours que vous joue l'écriture.

Le livre, mince, connut un succès considérable, mais mon libraire me fit des reproches. Ce n'était pas ce qu'il attendait de moi. Il voulait plus de poids, plus de substance, plus de réflexion. Il est très exigeant, mon libraire.

Je ne sais comment l'idée me vint alors d'écrire au sujet de Clemenceau. Quelqu'un prononça son nom devant moi, je le saisis au vol. Clemenceau : de l'histoire, de la politique, un personnage immense, c'est ce qu'il me fallait. Mon enfance en avait été bercée. Ma mère en raffolait, mon père l'avait connu... Je partis bravement à l'assaut de Clemenceau pour m'apercevoir assez rapidement que des ouvrages exhaustifs lui avaient été consacrés par des historiens réputés.

Que pourrais-je y ajouter ? Sans compter que je n'avais pas envie de raconter sa vie ministère par ministère, ni la guerre de 14 régiment par régiment. Alors me vint l'idée de tenter un portrait plutôt qu'une biographie classique, et de le faire aussi dense, aussi informé que possible, mais concis, néanmoins, comestible.

Le livre que j'ai écrit, *Cœur de Tigre*, je le dis en toute immodestie, je l'aime. J'ai aimé l'écrire tout en sachant que, cette fois, je ne ferais pas une vente fracassante – qui s'intéresse encore à Clemenceau ? – mais que cela n'avait aucune importance. Il ne faut jamais viser le public. Si on le rencontre, tant mieux.

J'ai pu, dans ce livre, dire des choses qui me tenaient à cœur, sur la France, la République, le formidable bonhomme qui l'a incarnée pendant tant d'années, avec ses ruades, ses excès, son courage, ses lubies. Travail gratifiant, donc, qui m'a fait de surcroît l'heureuse surprise de trouver, pour finir, une large audience.

Qu'allais-je faire maintenant ? Je tenais mon journal, *Le Journal d'une Parisienne*, pour le Seuil, mais il s'agissait là d'un travail annexe qui ne suffisait pas à m'occuper. Il me fallait un projet, un sujet assez vaste pour qu'en y travaillant, je m'absente de moi-même.

Je suis partie chez moi, à Antibes, avec une masse de livres d'où j'espérais voir surgir une idée. Et là, la dépression m'a rejointe. Une petite dépression, rien qui ne cède à des cachets appropriés, mais il fallait la juguler, lui interdire de s'installer. Alors j'ai compris que je n'étais plus en état de supporter la solitude où je m'étais confinée dans cette maison.

C'était une jolie maison de village que j'avais achetée avec les droits d'*Alma Mahler*. A. l'adorait. Nous y venions souvent. Je plantais des fleurs, il entretenait le gazon, nous faisions le marché, j'inventais des plats de saison, nous nagions en eau profonde. L'après-midi, je travaillais un peu, A. lisait des manuscrits, puis c'était l'heure du pastis, des boules avec le plombier, le maçon, les gens du village devenus nos amis. Nous étions heureux. Eh bien voilà, c'était fini...

C'est cet été-là, à Antibes, en trébuchant dans l'escalier trop raide, que j'ai eu le sentiment soudain d'être entrée en vieillesse. Tout est devenu effort, fatigue, à moi qui savais tout faire de mes mains, à moi, inépuisable, qui m'honorais de n'avoir jamais besoin d'aide, à moi, solide comme une jeep – comment était-ce possible ?

En vérité, la maison du bonheur était morte avec A. et j'avais cru follement pouvoir la prolonger de quelques années. Mais elle me signifiait que j'avais été présomptueuse et qu'elle ne pouvait pas vivre sans lui.

J'espère que l'un ou l'autre de mes petits-fils aura un jour envie de la faire sienne. En attendant, je la prête parfois à des amis. Je ne me résigne pas à la vendre.

Donc, j'étais entrée en vieillesse.

Jusque-là, cela paraîtra peu croyable, je n'avais jamais eu conscience de mon âge. À aucun moment de ma vie je ne m'en étais souciée. J'ai vu passer les anniversaires : 30, 40, 50, 60 ans, sans leur accorder une minute d'attention. D'ailleurs, j'étais toujours la même, à peine marquée par les années. L'angoisse de vieillir ne me taraudait pas, pour une raison simple : je ne vieillissais pas, ou si peu qu'il n'y avait pas de quoi en faire une histoire. Une ride par ci, une ride par là...

J'avais eu horreur de mon enfance et de mes vingt ans. Le bel âge, à mes yeux, commençait à trente ans, culminait à quarante, et je l'avais vu s'allonger devant moi comme s'il ne devait jamais finir. Cela m'avait donné une confiance stupide en la pérennité de ma jeunesse. Et soudain, elle me filait entre les doigts... Pertes d'équilibre, main incertaine, oreille dure, bras mous, et cette lassitude, cette lassitude... Il ne me restait qu'à faire face le plus honorablement possible à mes soixante-dix ans.

Par chance, les manifestations concrètes du vieillissement n'empêchent pas d'écrire.

C'est à quoi je dois d'accepter ma décrépitude avec une philosophie relative. Une grande révolte, parfois, une envie de crier : « Assez ! J'en ai assez de vieillir ! Je voudrais que ça s'arrête... », et puis je me remets au travail et je retrouve la sérénité.

Mais avec la vieillesse s'avance sa compagne, la mort. Qu'on le veuille ou non, on se met à y penser, elle rôde, la garce !

Je n'en ai pas peur, je n'en ai jamais eu peur. Devant un danger, ma part animale se rebelle, mais, dans ma tête, je n'ai pas peur. Ce qui est arrivé à des milliards d'individus avant moi me paraît d'une banalité désarmante et peu propre à des spéculations infinies.

Le Jugement dernier ? Je n'y crois pas. Si j'y croyais, j'aurais quelques raisons de le redouter, mais je n'y crois pas plus qu'à la résurrection des corps, et je ne me soucie pas, en conséquence, d'employer mes dernières années à faire mon salut. Je crois aux forces de l'esprit en face de la matière, mais dans un corps vivant, non dans quelque éther.

La mort n'est qu'un épisode de la vie dont le commencement est à mes yeux plus énigmatique que la fin. « Où j'étais avant ma naissance ? » demandent souvent les enfants. Bonne question, sans réponse. L'unicité de chaque être humain, voilà le mystère qui me fascine, et la variété des destins. Et ce sentiment vertigineux d'être un point minuscule dans la tapisserie du monde, dans sa splendeur comme dans sa tragédie. Un tout petit point.

Mais être mortelle ne m'offusque pas. La mort me blesse quand elle emporte ceux que j'aime, mais elle ne m'est scandale que lorsqu'elle frappe des êtres jeunes, pas ceux qui, comme moi, sont usés. J'espère seulement qu'elle me prendra proprement. Pas d'hôpital, pas de perfusions interminables, pas de souffrances bestiales. Je compte sur ceux qui m'aiment pour que cela me soit épargné.

L'ennui est qu'avant de s'éteindre, il faut vieillir, et c'est là une série de petites morts qu'il faut subir. Perdre ses moyens, c'est mourir un peu, et c'est révoltant. Voir un visage se faner, un corps se déformer, des mains se couvrir de taches, c'est mourir un peu, et c'est dégoûtant. Perdre ses forces, son souffle, c'est mourir un peu, et c'est épuisant. Renoncer enfin à sa capacité de séduction, devenir transparente aux yeux des hommes, c'est mourir à toute une part de soi-même, et c'est dur à vivre quand on a pris de mauvaises habitudes.

Cette passion des robes que j'ai eue, dans laquelle j'ai englouti des mille et des cents, qu'était-ce, sinon la passion de séduire ? De renouveler mon plumage pour renouveler le désir et, avec lui, le plaisir ?

Je dois dire que, loin de me sermonner – au nom de quoi ? Je les payais, mes robes ! –, les hommes de ma vie m'ont tous encouragée dans cette frivolité. Tous ont aimé que je sache m'habiller, du matin au soir, et pas seulement me déshabiller. Ô saveur d'une robe nouvelle qui vous propose une nouvelle âme...

À ce propos, je trouve bien triste les rapports des jeunes femmes d'aujourd'hui avec leurs vêtements, ces sacs dans quoi elles circulent. C'est qu'elles sont à l'humeur du temps et que toujours les vêtements en ont été inséparables. Ou bien auraient-elles perdu l'envie de plaire ? Ce serait un grand événement. Mais je n'en crois rien. Toute l'histoire du costume est là pour prouver que ce qu'on appelle la mode est un jaillissement spontané de la société à des moments précis et selon l'état de celle-ci. Une société – la société française, par hypothèse – où les femmes auraient perdu le désir de séduire serait d'une tristesse infinie.

Mourir à ce désir, certes, ce n'est pas gai. Que cela soit dans l'ordre des choses, nullement consolant. L'ordre des choses est à bien des égards détestable. Mais, si porté que l'on soit à se révolter contre lui, mieux vaut ne pas dilapider, en vieillissant, ce que l'on a conservé de forces : foin des jérémiades !

La sagesse des nations prétend que chaque âge a ses plaisirs. Foutaise ! Je n'ai jamais vu que la vieillesse ait les siens. Mais il est vrai qu'on peut vieillir et conserver le bonheur de vivre, à condition d'être en bonne santé. Le tout est de continuer à s'intéresser. S'intéresser aux personnes, s'intéresser aux choses, s'intéresser au mouvement de la vie. C'est une disposition de l'esprit invulnérable à l'âge, à condition qu'on l'entretienne au lieu de renoncer. Renoncer : jamais ! Vieillir, c'est se désintéresser, devenir indifférent. Ce malheur-là m'est épargné. Mais j'y prends garde, pour rester bien éveillée, à l'écoute des autres et de la rumeur du monde.

Ainsi, à 72 ans, me suis-je mise à l'ordinateur. Longtemps j'ai pensé que j'en serais incapable, que c'était bien de la prétention de croire que j'aurais encore cette faculté d'adaptation. C'est l'un de mes petits-fils, Jérémie, qui m'a convaincue du contraire : « Je te connais, m'a-t-il dit. Tu te débrouilleras très bien. » Il m'a donné l'adresse où acheter l'animal. Et puis s'est produit le miracle : en trois leçons d'une heure et demie, j'ai appris à maîtriser la merveilleuse machine.

Outre les services que celle-ci me rend, l'épisode a agi sur moi comme une injection de jeunesse. Donc, dans ma tête, je n'étais pas rouillée. Je pouvais encore...

Il ne faut pas rater une occasion de s'en administrer la preuve.

Parfois, je suis effrayée de me voir prisonnière de trop d'habitudes, comme les chats. Moi qui prône la nécessité du changement au long d'une carrière, la souplesse, voire l'audace, serais-je capable, aujourd'hui, de travailler par hypothèse dans un bureau ? De m'adapter sans souffrir à une discipline nouvelle, à des têtes inconnues, à des lieux différents ? Pas sûr. J'ai connu beaucoup de gens, et non des moindres, partisans fougueux du changement, qui ne supportaient pas, à quarante ans, qu'on change de place leur table de travail. Alors, que dire à quatre-vingts...

Il s'agit heureusement pour moi d'une question théorique. Rien ne s'oppose à ce que je conserve mes habitudes. Mais la question me tourmente pour les autres. Dans l'avenir tel qu'il m'apparaît, personne ne sera plus propriétaire de son emploi. Personne ne vieillira plus dans son entreprise en attendant la retraite. On changera peut-être vingt fois d'employeur dans une vie. Le maître mot sera précarité, insécurité dans le travail. Comment ne pas voir cette réalité qui, déjà, s'annonce ? Les temps anciens sont révolus. Avec les temps nouveaux, déracinements, bouleversements vont faire mal, très mal...

Précieux privilège que le mien d'être tout bêtement quelqu'un qui écrit, et qui peut écrire n'importe où, pourvu qu'il n'y ait pas trop de bruit !

C'est un soir, au concert, que j'ai trouvé le sujet de mon dernier ouvrage, *Cosima Wagner*. Pierre Boulez dirigeait du Prokofieff. Il m'a fait penser à Wagner, et Wagner à Cosima... Une petite lumière s'est allumée dans ma tête : Cosima, Cosima, voilà un personnage pour moi... Qu'avait-on déjà écrit sur elle ? Y avait-il un livre majeur, ou bien le champ était-il libre ?

J'ai interrogé Éliane Victor, wagnérienne experte, qui m'accompagnait. D'abord elle me découragea. Trop compliqué, trop lourd, vous allez avoir tous les wagnériens aux trousses. Mais c'était plutôt fait pour me stimuler. Ce que voyant, elle m'a aidée dans ma documentation.

Je m'étais attaquée à un travail ardu. Cosima est une amoureuse incomparable par sa complexité, la singularité de sa vie intérieure, la passion qu'elle a inspirée... Le quatuor d'hommes qui l'a entourée – Wagner, Louis II de Bavière, Nietzsche, von Bülow – m'a absorbée pendant plus d'une année au cours de laquelle je n'ai pas eu le loisir de me demander si la mort était dans les parages. J'étais absente de moi-même...

Si mes jours se prolongent, j'écrirai encore un livre, peut-être deux, mais je suis au bout de ma route, maintenant.

Recommencer ? Ah non ! La balance est trop lourde du côté des douleurs. Me réincarner, voilà qui me plairait bien. J'aimerais être chat dans une bonne maison. Un chat soyeux et moqueur, comme les aimait Malraux qui prétendait que la bataille d'Azincourt avait été gagnée par les chats. Comment cela ? Il y avait, dans l'armée anglaise, des capitaineries de chats. Les Français se demandaient pourquoi. En ce temps-là, on se tuait à l'arc dont il fallait graisser la corde. Les rats d'Azincourt, friands de graisse, ont rongé la corde des arcs français. Mais ils n'ont pas touché aux arcs anglais, gardés par des sentinelles chats. Et voilà pourquoi les Français de Charles VI se sont fait tailler en pièces par les Anglais de Henry V...

Où diable Malraux avait-il été chercher cela ?

Mais je m'égare. Reprenons... Recommencer ma vie, non. Des remords ? Bien sûr. Souvent, j'ai fait le mal que je ne voulais pas, et mon cœur m'a condamnée. Des regrets ? Évidemment. Je n'ai pas eu le temps de faire le dixième de ce dont j'ai rêvé. De la linguistique, de la course automobile, de la danse, pour ne rien dire de la médecine. J'aurais voulu savoir toutes les langues, pratiquer tous les sports, connaître à fond l'histoire des religions, ouvrir toutes les portes de la connaissance...

Mais il en va ainsi de toute vie.

Je ne me suis jamais vraiment résignée à cet appauvrissement progressif auquel condamne le passage du temps, mais ce sont là les derniers soubresauts d'une jeunesse insolente. Aujourd'hui encore, j'ai la folie de croire que je peux apprendre. Je lis, j'essaie... Las, ma mémoire me nargue ; je lis, mais j'oublie. Alors j'enrage, signe que quelque chose bouge encore dans cette vieille mécanique.

Tant qu'il y a de la révolte, il y a de la vie.

Parfois, je suis triste de ne pas avoir de petite-fille, une de ces filles d'aujourd'hui, brusques et impertinentes, que j'aurais tenté d'aider à entrer dans la vie. Je suis cernée par des garçons, et mes arrière-petites-filles sont trop jeunes pour que je puisse leur transmettre un peu de mon savoir. Les garçons me sont chers, ils me plaisent et me laissent espérer qu'ils feront des hommes droits et courageux. Pourquoi dissimuler que je cherche avidement chez eux tel ou tel trait qu'ils tiendraient de moi à travers les fantaisies de la génétique ? Survivre, ce n'est rien d'autre : passer le témoin.

Pour eux j'ai envie de continuer à me tenir droite et de vivre le plus longtemps possible préservée de la déchéance. Je ne sais pas quelle image ils se font de moi : une grand-mère un peu originale, sans doute, mais sur laquelle ils peuvent compter. J'aime l'idée d'être l'une de ces béquilles sur lesquelles les plus jeunes s'appuient pour prendre leur vol. Ainsi va le mouvement de la vie.

Enfant, je croyais que les étoiles étaient les âmes des morts et qu'une étoile nouvelle s'allumait chaque fois qu'un vivant s'éteignait. J'avais localisé l'âme de mon père dans l'étoile polaire.

Dans un ultime sursaut de crédulité, je n'ai pas complètement renoncé à l'idée de devenir un jour une étoile. J'aimerais qu'elle apparaisse dans l'hémisphère Sud, là où le ciel grouille de lumière, et qu'en captant le cri qui annoncera sa naissance, les astronomes disent : « Ce n'est rien. Encore une Âme. Ce doit être le numéro 77.427.311.974. »

C'est là, en toute humilité, mon dernier projet. On me dit que ce n'est pas bien raisonnable. Chacun a bien le droit de rêver. Après tout, Platon rêvait déjà quelque chose comme ça...

En attendant cette mutation hypothétique, inutile d'y penser. Une année de plus ou de moins, mon avenir n'est que trop clair.

En revanche, l'avenir tout court, celui où vont vivre et se développer mes garçons, m'est un sujet constant de tourment. Dois-je les encourager à faire leur vie aux États-Unis, par exemple ? Ou bien en Asie ?

En quatre-vingts ans, j'ai vu le monde se transformer de fond en comble à travers bien des tumultes, et la France traverser bien des crises. Je n'ai jamais vu, dans les pires moments, qu'elle soit en crise d'espérance. La guerre ? On allait bien finir par la gagner. La misère ? Il y avait le marxisme, là-bas, qui allait sauver les damnés de la terre. Les salaires étaient misérables ? Ils allaient augmenter. Quand on fustige les années dites « de consommation », on oublie de dire ce qu'elles furent pour ceux qui, pour la première fois, consommaient. Les biens matériels ne peuvent pas tenir lieu d'idéal ? Assurément. On ne peut pas avoir trois voitures, quatre réfrigérateurs, mais c'était un fameux substitut à l'espérance !

Voilà que, depuis vingt ans, nous avons, en France, tourné le dos à l'espérance et nous l'avons remplacée par la peur. Peur de perdre son emploi, peur de perdre sa couverture sociale, peur des immigrés, peur de Le Pen, peur de Maastricht, peur de la mondialisation de l'économie, peur pour les enfants qui ne connaîtront plus l'ascenseur social, et tout cela finit par tourner à la peur de vivre...

À croire que cinquante années d'une sécurité extérieure et intérieure nous ont enlevé toutes nos griffes, toutes nos dents... Que nous ne savons plus que dénigrer l'avenir et mijoter mélancoliquement dans ce passé qui nous file entre les doigts.

Qu'il y ait de quoi être mélancolique, c'est évident. Une certaine France est en train de disparaître, et surtout, cela va trop vite. Changer, c'est le mouvement même de la vie ; mais quand le rythme du changement dépasse la cadence naturelle des êtres humains, cela fait mal. Nous y sommes, et nous avons mal.

Mais cela peut être exaltant, aussi, le changement, quand il est bien conduit !

Il ne s'agit pas de lancer des exhortations dérisoires à l'optimisme, mais de prendre conscience qu'il n'y a pas de plus grand danger qu'une certaine démission généralisée devant la dureté des temps. C'est ainsi qu'une nation flapie finit par se coucher devant un démagogue.

C'est l'une des rares choses dont j'ai toujours eu peur. Peur du fascisme. Peur du moment où il n'y aura plus en France assez de gens qui sauront, parce qu'ils en auront été les contemporains, ce qu'est vraiment le fascisme. Alors la petite bourgeoisie risque de basculer... Ç'a toujours été ainsi. Trop de chômage, trop de traites impayées, la fabrication massive de diplômés aigris parce qu'ils ne trouvent pas d'emploi, le luxe d'un tout petit nombre qui devient provocant, des chefs politiques qui paraissent incapables de maîtriser la situation, voire aussi corrompus qu'impuissants, la recette, hélas, est connue. Elle n'a que trop bien fonctionné en Allemagne, en Italie... Pourquoi la greffe ne prendrait-elle pas en France ? Parce qu'elle n'a pas pris dans le passé ?

L'écrivain italien Vittorini prétend que la liberté des Français à l'égard de la sexualité les protège du virus fasciste. C'est là une thèse intéressante. On peut l'élargir au don de jouir de la vie, qui est en effet un trait spécifiquement français. Mais enfin, on voudrait en être sûr...

À cela près, qui n'est pas mince, assurément, les conditions sont réunies, en France, pour faire le lit d'un populisme autoritaire où il y aura bientôt de moins en moins de populisme et de plus en plus d'autorité.

Qui lui fera barrage ? Pas les anciens combattants. Un ancien combattant, c'est quelqu'un qui a tué le dragon et qui croit que, pour l'empêcher de renaître, il faut se souvenir, cultiver l'hommage aux morts, entretenir la flamme du sacrifice, interdire l'oubli aux plus jeunes, etc. Fort bien. Mais, pendant qu'ils défilent devant la dépouille du dragon, celui-ci a déjà pris une autre forme, il est déjà, petit, dans une autre peau. Et c'est là qu'il faut le traquer.

Les survivants nazis ne m'intéressent pas. Ils ne m'intéressent plus. Puisque aucun d'eux n'est capable d'expliquer comment, au XXe siècle, au cœur de l'Europe des Lumières, un pays chrétien de haute civilisation a basculé entier dans la barbarie. Un Allemand nazi plus un Allemand nazi plus un Allemand nazi, cela fait l'Allemagne nationale-socialiste, entièrement consentante, enivrée par cette forme supérieure du fascisme qu'a été l'hitlérisme, à commencer par la classe ouvrière, cette classe ouvrière allemande qui passait pour être l'une des plus évoluées.

Après cela, on ne se pose plus que des questions sans réponse.

Aussi bien n'est-ce pas un nouvel Hitler que je redoute pour la France, ni la résurgence d'un fascisme à l'allemande. Mais, plus modestement, si je puis dire, une forme moderne du Mal, insinuante, sournoise, peu à peu envahissante, qui saurait récupérer toutes nos peurs, toutes nos frilosités, toutes nos nostalgies, et qui serait une caricature de ce que fut le fascisme italien, par exemple. Les prémices en apparaissent çà et là, qu'on aurait tort de croire anecdotiques. L'infiltration populiste a déjà commencé. Il faut être aveugle ou bien insouciant pour ne pas le voir.

Quand je m'attriste de vieillir, je me dis qu'au moins je ne verrai pas cela triompher. D'autres fois, je me reproche de nourrir des fantasmes. La France fasciste ? Allons donc !

Il me reste à conclure, maintenant. Ce sera bref.

J'ai fait un long chemin sur une route parfois rude, parfois rocailleuse, riche en douleurs, fertile en joies, tissée d'amour, rarement médiocre, jamais ennuyeuse, meilleure au fur et à mesure que j'avançais en âge.

Que demander de plus ? Si la mort me saisit cette nuit, je dirai : « Merci, la vie !... »

Ce pourrait être mon épitaphe, mais je ne veux pas d'épitaphe. Je veux que, de ma dépouille réduite en cendres, on fasse de l'engrais pour les fleurs. De la poussière de femme pour nourrir les roses, voilà une bonne façon de tirer sa révérence et de s'incorporer à la terre vivante, au lieu de ces boîtes où l'on enferme les morts comme s'ils étaient contagieux.

Mais cela est pour demain ou pour après-demain. Il me reste à vivre passionnément « le vierge, le vivace et le bel aujourd'hui ».

Impression réalisée sur CAMERON par
BRODARD ET TAUPIN
La Flèche

pour le compte des Éditions Fayard
en septembre 1997

Imprimé en France
Dépôt légal : septembre 1997
N° d'édition : 5006 – N° d'impression : 6775S-5
ISBN : 2-213-59858-4
35-57-0058-02/4